心理辅导课

团体活动180例

Psychological Guidance Course

钟志农 著

中国人民大学出版社
·北京·

图书在版编目（CIP）数据

心理辅导课：团体活动180例／钟志农著．－－北京：中国人民大学出版社，2022.3
ISBN 978－7－300－30273－7

Ⅰ.①心… Ⅱ.①钟… Ⅲ.①中小学生—心理健康—健康教育—教学研究 Ⅳ.①G444

中国版本图书馆CIP数据核字（2022）第020796号

心理辅导课：团体活动180例
钟志农 著
Xinli Fudao Ke: Tuanti Huodong 180 Li

出版发行	中国人民大学出版社		
社　　址	北京中关村大街31号	邮政编码	100080
电　　话	010－62511242（总编室）	010－62511770（质管部）	
	010－82501766（邮购部）	010－62514148（门市部）	
	010－62515195（发行公司）	010－62515275（盗版举报）	
网　　址	http://www.crup.com.cn		
经　　销	新华书店		
印　　刷	北京华宇信诺印刷有限公司		
开　　本	720 mm × 1000 mm　1/16	版　次	2022年3月第1版
印　　张	13.5　插页1	印　次	2024年11月第5次印刷
字　　数	200 000	定　价	58.00元

版权所有　　侵权必究　　印装差错　　负责调换

目 录 | CONTENTS

序 言 /1

第一章　团体暖身阶段设计素材

肢体动作类热身游戏——以动促热 /5

活动 1　　两只老虎 /5

活动 2　　弓步跳 /6

活动 3　　相见欢 /7

活动 4　　人形速描 /7

活动 5　　我们在一起 /8

活动 6　　你猜不到 /9

活动 7　　进化论 /10

活动 8　　小人、老虎、枪 /11

活动 9　　反向运动 /12

活动 10　　拼图大考验 /12

活动 11　　大风吹 /13

活动 12　　抓手指 /14

活动 13　　一边倒 /15

活动 14　花丛采蜜 / 16

活动 15　万花筒 / 17

活动 16　课堂放松操 / 18

活动 17　大西瓜　小西瓜 / 18

活动 18　"飞飞""跑跑" / 19

活动 19　害虫和益鸟 / 20

活动 20　嘴巴、手指不一样 / 21

活动 21　红黄牌 / 21

活动 22　扑克分组 / 23

活动 23　是非颠倒 / 23

活动 24　春夏秋冬 / 24

活动 25　白菜与兔子 / 25

活动 26　兔子舞 / 26

活动 27　志趣相投 / 26

活动 28　一元五角 / 28

活动 29　鱼缸式自我介绍 / 29

活动 30　雨点变奏曲 / 29

活动 31　爱的鼓励 / 30

语言类热身游戏——以言促热 / 32

活动 32　Rap 传递 / 32

活动 33　问候 Hello—Hi / 33

活动 34　十答"我是谁" / 34

活动 35　可怜的小猫 / 35

活动 36　青蛙跳水 / 36

活动 37　开火车 / 37

活动 38　　绕口令 /37

活动 39　　星座物语 /39

活动 40　　言不由衷 /39

活动 41　　初次见面 /40

活动 42　　模拟采访 /41

活动 43　　粉丝大盘点 /42

第二章　团体转换阶段设计素材

案例类活动素材——以事促转 /45

活动 44　　甩不掉的影子 /45

活动 45　　星星和泥土 /46

活动 46　　天亮了 /47

表演类活动素材——以演促转 /49

活动 47　　穿越时空的会面 /49

活动 48　　铅笔盒的风波 /51

活动 49　　晓俊长大了吗 /52

活动 50　　"我能行"与"我不行" /55

影视音像类活动素材——以视促转 /57

活动 51　　《鳄鱼波鞋走天涯》 /57

活动 52　　青春烦恼有几何 /59

活动 53　　他像我的好朋友吗 /60

游戏类活动素材——以玩促转 /62

活动 54　扑克游戏 /62

活动 55　考考你的眼力 /63

活动 56　挥舞你的旗帜 /64

活动 57　照镜子 /65

活动 58　哪个是过去的他 /66

活动 59　"设线"人生 /67

活动 60　采蘑菇 /68

活动 61　击鼓传纸条 /69

活动 62　信任之旅 /70

活动 63　抢凳子 /70

活动 64　情感大抽奖 /71

活动 65　自我比拟 /73

活动 66　多彩图 /73

第三章　团体工作阶段活动素材

情感体验类活动素材——以感促悟 /77

活动 67　我真的很不错 /77

活动 68　《24小时马拉松》/78

活动 69　各行其是 /80

活动 70　穿越雷区 /81

活动 71　分享时刻 /82

活动 72　啄木鸟行动 /82

活动 73　了解父母　/ 83

活动 74　白纸上的污点　/ 84

活动 75　创意搭塔　/ 86

活动 76　同心协力　/ 87

活动 77　巨龙翻身　/ 87

活动 78　叠棋子　/ 88

活动 79　不倒翁　/ 89

活动 80　我的心灵朋友圈　/ 90

活动 81　插秧接力赛　/ 92

活动 82　传球　/ 93

活动 83　我错了　/ 94

活动 84　夹玻璃弹子　/ 95

活动 85　夹气球　/ 95

活动 86　解开千千结　/ 96

活动 87　滚雪球　/ 97

活动 88　模特表演队　/ 98

活动 89　你追我赶　/ 99

活动 90　人椅　/ 100

活动 91　夹球跳　/ 101

活动 92　逃生游戏　/ 101

活动 93　众志成城　/ 102

活动 94　组合滑雪队　/ 103

活动 95　时间管理　/ 104

活动 96　双臂交叉与十指交叉　/ 104

活动 97　快乐竹竿　/ 105

活动 98　坐地起身　/ 106

活动 99　　　捡棋子　/ 107

活动 100　　三人角力　/ 107

活动 101　　翻叶子　/ 108

活动 102　　吸管穿萝卜　/ 109

活动 103　　口耳相传小秘密　/ 110

活动 104　　请帮我认识我自己　/ 111

活动 105　　旋转的橘子　/ 112

活动 106　　传递呼啦圈　/ 113

活动 107　　不能没有母亲　/ 114

活动 108　　袋鼠妈妈　/ 115

活动 109　　单脚骑兵　/ 116

活动 110　　解开毛线团　/ 117

活动 111　　早熟　/ 118

认知调整类活动素材——以知促悟　/ 120

活动 112　　打结　/ 120

活动 113　　无法分离的无名指　/ 121

活动 114　　我的动物画像　/ 122

活动 115　　记忆盒　/ 122

活动 116　　收集宝物　/ 123

活动 117　　图片联想　/ 124

活动 118　　大胆想象　/ 125

活动 119　　切蛋糕　/ 126

活动 120　　图形想象与声音想象　/ 127

活动 121　　自我标价　/ 128

活动 122　　关于生命的思考　/ 129

活动 123	戴高帽 / 131
活动 124	个性名片 / 132
活动 125	以人为镜 / 133
活动 126	价值阶梯 / 133
活动 127	我好比是…… / 135
活动 128	人生画像 / 136
活动 129	为我们的团队命名 / 136
活动 130	猜猜他是谁 / 137
活动 131	父母的责备像…… / 138
活动 132	让我描述你 / 138
活动 133	职业理想发布会 / 139
活动 134	我的墓志铭 / 140
活动 135	我说你画 / 141
活动 136	优点轰炸 / 142
活动 137	优点大轰炸 / 143
活动 138	假日的生活馅饼 / 144
活动 139	画图接力赛 / 146
活动 140	拥有与丧失 / 146
活动 141	自我称赞 / 148
活动 142	我是谁 / 148
活动 143	我是一个怎样的人 / 149
活动 144	大拍卖 / 150
活动 145	我画、我写我的梦 / 152
活动 146	这就是我 / 153
活动 147	追求理想自我 / 154
活动 148	换个想法试试 / 156

活动 149　品质排序　/ 157

活动 150　心理快餐　/ 158

活动 151　顶纸棒　/ 159

活动 152　对掌推　/ 160

活动 153　信件大会串　/ 161

活动 154　友谊常青藤跳棋　/ 162

活动 155　双关图　/ 164

活动 156　该用什么做参照物　/ 165

活动 157　填报志愿抢答赛　/ 167

活动 158　名片创意秀　/ 168

活动 159　E网情深　/ 169

活动 160　展示我良好的个人气质　/ 170

活动 161　马拉松的行动路线　/ 171

活动 162　《网络中的陷阱》/ 172

行为训练类活动素材——以练促悟　/ 175

活动 163　挑战极限　/ 175

活动 164　地雷阵　/ 176

活动 165　突破围城　/ 177

活动 166　我的叉手方式　/ 178

活动 167　做时间的主人　/ 179

活动 168　六人拔河　/ 180

活动 169　快乐大转盘　/ 181

活动 170　巧用委婉语　/ 182

活动 171　心理小品《小将相和》/ 184

活动 172　坚守界限　/ 186

活动173　　倾听解密　/ 189

活动174　　体验放松　/ 190

活动175　　天籁之音　/ 192

第四章　团体结束阶段活动素材

团康类活动素材——以乐促合　/ 195

活动176　　大团圆　/ 195

活动177　　请在我背上留言　/ 195

活动178　　喊出自信来　/ 196

活动179　　传递祝福　/ 197

活动180　　送七彩苹果　/ 198

音乐类活动素材——以曲促合　/ 200

参考文献　/ 202

后　记　/ 203

序 言

拙著《心理辅导活动课操作实务》出版 10 多年来，已连续加印 30 多次，足见社会需求之迫切。然 10 多年来，国内心理健康教育形势发展日新月异，许多新的问题从实践中不断萌生出来，故而出版社希望我能对原著加以修订来予以回应。我当即欣然应允，其动念思之有三。

其一，这 10 多年间，心理学界的理论繁荣发展是前所未有的。记得 2005 年之前，在拙著一版破土开犁之时，我能借鉴的团体辅导理论资料，大多来自台湾地区学者翻译的西方学术著作；但这 10 多年来，大陆的心理学学术氛围日趋浓郁，出版业欣欣向荣、百花齐放，图书市场上，国内外心理学专著、译著琳琅满目，大大拓宽了业内同道的理论视野，也使我得以泛览典籍，左右采撷，从一个新的理论高度重新审视并提升自己的研究成果。

其二，这 10 多年间，心理辅导课在国内中小学有了长足发展。国家和地方有关心理健康教育的重要文件陆续出台，为广大心理教师开展心理辅导课的实践探索提供了政策性支持；许多优秀的课例如雨后春笋般生机勃发，一大批教坛新秀和青年才俊在心理辅导课领域崭露头角。同时，在加快推广发展性心理辅导课的过程中，也暴露了许多问题、许多困惑、许多矛盾，亟须得到深入研究，并从理论和操作两个层面上加以澄清和解决。

其三，这 10 多年间，我深入中小学第一线，和心理辅导教师共同听课、评课、研讨、培训的脚步始终没有停歇，手记心念，积累了大量第一手资料，并据此不断反思、探究和总结。虽然岁月不居，时节如流，转眼间，犬马之齿已近"奔八"，但自感学术之思仍在渐衰躯壳内阵阵涌动，许多体悟心得，薄思浅虑，总觉应诉诸笔端，留给后生，以作铺路垫脚之石。

以上说的即是重修拙著的起因。至于修订后的不同之处，我想无须赘述，读者打开目录一看便知，基本上可说是"重起炉灶""面目一新"了。之所以强调其新，可提及四个细节：一是书中引用的各种学术著述计130多种，最近的为2020年，可见学术观点之新；二是书中展示的活动设计和课堂实录，反映了10多年来国内心理辅导课的前沿水平，可见实践成果之新；三是书中搜集、整理的活动设计素材从原来的110多例增加到180例，可见参考资料之新；四是在操作指南部分增加了"教师素养""评价策略"和"教研实务"等重要内容，以适应2021年7月《教育部办公厅关于加强学生心理健康管理工作的通知》中有关"加强心理健康课程建设"的要求。其余有所更新、增进之处，恭请读者自行评断。

在本书中，我们为读者提供了一些符合中小学生年龄特点的、操作性比较强的心理辅导课的活动素材，以供辅导教师在设计教案时参考。这些活动素材不仅可以通过不同的组合，形成千姿百态的心理辅导课设计方案，更重要的是，可以触动我们的灵感，激活我们的创造思维，启发我们创造出更多更为贴近学生实际生活而不是"照猫画虎""千人一面"、完全脱离学校教学规律和实际条件的，甚至是"成人化"的活动形式。

2021年秋于杭州

第一章

团体暖身阶段
设计素材

心理辅导课成败的关键在于班级气氛是否和谐、学生之间是否互相信任、学生在团体中能否打消自己的防卫心理。而这一切，与团体暖身阶段的活动设计与实施有着直接联系。

肢体动作类热身游戏
——以动促热

活动 1　两只老虎

【活动目的】

营造团体氛围，增强团体凝聚力。

【活动准备】

1. 将全班学生分为若干6人小组。
2. 儿歌《两只老虎》的音乐。

【活动流程】

1. 全体起立，每个6人小组都按2列3人排列组队。
2. 将歌词划分为8句，如"两只老虎"—"两只老虎"—"跑得快"—"跑得快"……
3. 每个小组按事先规定的顺序轮唱，只唱一句，立即由下一组接唱下一句。
4. 每个小组在接唱时要原地踏步，停唱时立即停步，全组步伐必须保持整齐一致。

【注意事项】

1. 活动中某些小组可能会出现差错，并引发全班笑声，教师不必打断活动。
2. 一曲结束后，可让出错的小组回答为什么出错，然后全班再做一两次，达到热身目的即可停止。

活动 2　弓步跳

【活动目的】

1. 通过活动提高团体成员参与现场互动的自觉性和团队合作精神。
2. 营造轻松、活泼的团体氛围。

【活动准备】

1. 团体成员的衣着尽可能宽松、舒适。
2. 活动空间要相对大一些，如果是在教室里活动，可将桌椅靠边摆放。

【活动流程】

1. 全体成员双脚并拢，以准备姿势立正站好，双臂放在身体两侧。
2. 教师发出口令："1—2—3！"所有人一起向上跳起，落地时齐声大喊"嗨——"并让左腿在前，膝盖弯曲；右腿在后，绷直，呈弓箭步站好。
3. 教师再发出口令："1—2—3！"所有人一起向上跳起，落地时齐声大喊"嗨——"并将左右腿前后交换，呈反弓箭步。
4. 如此反复做 10 次跳跃动作，最后一次回归准备姿势。
5. 在做上述动作时，所有学生的目光要顾及前后左右，力争动作同步，像一群鸟一样同时起飞。
6. 就地分享："我们是否做到了同步起跳和落地？""下次我们可以怎么改进？"

【注意事项】

1. 起跳和落地的高度要根据学生的年龄和身体状况确定，教师随机调控。
2. 落地点要有弹性，以确保学生安全。

活动 ③ 相见欢

【活动目的】

1. 通过活动营造温馨、和谐的团体气氛。
2. 激活团体动力。

【活动准备】

制作说明游戏规则的PPT。

【活动流程】

1. 教师投影出示游戏规则，解释。
2. 两人一组，相向而立，面带微笑，相互注视。
3. 跟随教师的口令（1—2—3—4）分别做以下动作：
（1）两人伸出右臂握手，并说："你好！"
（2）两人用双手互相握住对方的双手，并说："很高兴认识你！"
（3）两人伸出右臂轻拍对方的左肩，并说："请多关照！"
（4）两人举起左臂挥手，并说："下次再见！"
4. 教师随机变换口令顺序（如3—1—4—2），学生可能出现各种错误，引来笑声。

【注意事项】

1. 教师要注意适度控制现场秩序。
2. 此活动适用于团体暖身阶段。

活动 ④ 人形速描

【活动目的】

新生入学后在第一次团体活动中介绍自己的特点。

【活动准备】

1. 一张人形基本轮廓的卡纸,给班上的每个学生复印一份。

2. 事先为学生画出几份图画作为范例。比如,可以在人形卡纸上画出脸部器官或表情,也可以画出衣着及服饰,或是用几个简单的词写出要画的人的兴趣、爱好,等等。

【活动流程】

1. 想一想如何做自我介绍,要用一种与众不同的方式——不是用语言,而是用图画。比如,可以在自己的手上画一把小号,表示自己喜欢音乐等。

2. 把自己的名字、表情、衣着、服饰以及自己喜欢的物品等画在卡纸上。

3. 核定用_____分钟的时间完成绘画,剩余1分钟时,提醒学生时间要到了。学生完成画作后,可以让学生把自己的作品贴到布告栏上或是教室的墙上。当所有学生都完成后,可以让学生浏览一下别人的作品,或是让大家讨论一下他们的作品。如果学生很健谈,可以请他们在全班面前展示他们的作品,也可以让他们用语言描述一下作品以及为什么这么画。

4. 还可以把这些作品收集起来,随意选出一张,然后让作者回答问题。最后,可以把作品随机分发到各个小组。

【注意事项】

要根据心理辅导课的主题和总体设计来限制画画的时间。

活动 5　我们在一起

【活动目的】

建立"我们在一起"的团队概念,感受在一起时快乐、温暖的团队氛围。

【活动准备】

背景音乐《同一个世界,同一个梦想》。

【活动流程】

1. 宣布活动规则。

（1）背景音乐响起，学生可以在班里随意走动。

（2）音乐停止，学生听教师的指令，迅速在班上找到伙伴并做出反应。

① "两小无猜"（两人组合）：两人相互击掌，说"yeah"。

② "三人行，必有我师"（三人组合）：中间者为"师"，做叉腰、神气状；两旁一人为其扇风，一人为其捶背。

③ "四海一家"（四人组合）：四个人搭着肩膀围在一起。

（3）如果人数不够，可以邀请教师凑数，或一人当两人。

2. 活动开始。

（1）音乐起，教师鼓励学生不要扎堆，随意走动，期待与不同的同学相遇。

（2）留意不够主动的学生和人数不够的情况，教师热情地加入其中。

3. 教师小结："在一起的感觉怎样？"（生：开心。）"是啊，我们同在一个班，就好像一家人一样。即便做简单的事情，都可以那么快乐！"

【注意事项】

音乐比较长，教师可根据热身的需要节选一段，并适当控制活动时间。

活动 6　你猜不到

【活动目的】

帮助学生互相认识。

【活动准备】

重新摆放学生的桌椅，使每个人都可以很容易看到别人。如果桌子是固定的，可以把椅子摆成一个圈。游戏开始时，要让学生集中注意力。

【活动流程】

1. 请学生用一种不同的方式来做自我介绍。要求：在做自我介绍时，除了要说出你的名字以外，还要与大家分享一件事。这件事可以是发生在你身上的事，也可以是你做的某件事。比如，你可以扭动自己的耳朵，你曾经看见过鲨鱼，你六岁时不幸胳膊骨折，你讨厌巧克力口味的冰棒，等等。

2. 学生用 2 分钟回想一下发生在自己身上不为人知的事，然后就可以开始做游戏。

3. 学生说："好吧，我先来，我叫×××，你们可能猜不到的事情是……"

4. 小组讨论：同学说的哪些事情让你大吃一惊？谁说出的事情最有趣？哪一位同学给你留下了深刻印象？

【注意事项】

游戏结束后，大家共同鼓掌。这种方式可以创造一种积极的氛围。注意发现善于记住别人名字的学生。这样的学生往往有很强的人际交往能力，通常也更有领导力。

活动 7 进化论

【活动目的】

随机分组，以打破原有的人际圈子，更广泛地与他人进行交流。

【活动准备】

如果在小学实施此活动，可准备适量的动物头饰，以活跃气氛，并给最后形成的各小组一个形象标志。

【活动流程】

1. 先和学生讨论进化论中出现的动物种类。例如，鱼类—两栖类—爬虫类—鸟类—哺乳类—人类。依据分成的组数，决定增减种类的数目。

2. 向学生征求各类动物的代表动作。

3. 请学生就近找人猜拳，皆以鱼的身份开始，赢者"进化"，输者

"退化"。

4. 再以猜拳后的新身份，表演代表动作，继续寻找同类猜拳。

5. 约进行两分钟后，停止活动，同类为一组。

6. 若每组人数有差距，再征求自愿者"进化"或是"退化"，直到每组人数达到约略相同为止。

【注意事项】

整个活动控制在 10 分钟以内。

活动 8　小人、老虎、枪

【活动目的】

提升学生参与活动的气氛与动力。

【活动准备】

事先清点人数，若有落单的学生，可与教师合为一组。

【活动流程】

1. 教师示范猜拳的手势："小人"（竖大拇指），"老虎"（蜷曲五指，成爪形），"枪"（伸出大拇指和食指），说明游戏方法与"石头、剪子、布"相同，"小人"胜"枪"，"枪"胜"老虎"，"老虎"胜"小人"。

2. 给学生 1 分钟两两练习。

3. 提高难度：请学生同时用两只手与对方猜拳，而且两只手必须出不同的手势，以右手为主，右手赢的人是胜利者。

4. 输的人必须跟在赢的人后面，而赢的人则继续去找其他胜利者挑战，若是输了，不但自己必须变成赢的人的"尾巴"，原先的部下也要改跟新的胜利者。

5. 两次猜拳组合成 4 人，三次猜拳后达到 6—8 人，即可结束活动，小组自然分成。

【注意事项】

教师需随时观察活动进行的状况并维持秩序，并给分组人数不均的小组做出调整。

活动 9　反向运动

【活动目的】

活跃气氛，集中学生的注意力。

【活动准备】

指定观察员。

【活动流程】

1. 将全班学生分为12人一组（两个6人小组，或3个4人小组合并为一大组）为宜，每组围成一个圆圈，教师站中间，选若干名观察员做助手。

2. 教师说"右"，所有人就将头向左转；教师说"左"，所有人就将头向右转；教师说"前"，则所有人将头向后转。也就是说，要做和口令相反方向的动作。

3. 教师和观察员要仔细观察参加者，发现有人犯错，就要判犯错者出局。

4. 最后剩下人数多的小组即为获胜组。

【注意事项】

不一定要转头，也可用手上下左右动。

活动 10　拼图大考验

【活动目的】

实施拼图活动，提升学生参与活动的兴趣，进而达到分组目的。

【活动准备】

1. 找一些学生感兴趣的图片（如卡通图片等），以及与图片相同大小的空白纸、胶水（欲分几组就准备几份）。准备节奏欢快的音乐。

2. 把每张图片剪成数小张（假如学生共有48人，分成8组，则要有8张图片，每张图片剪成6小张），装入若干只小口袋或盒子里。

【活动流程】

1. 出示8张原图（投影或贴图），让学生对图片有一定印象。

2. 把事先剪好的小张图片放在若干袋子或盒子里让学生抽取。

3. 播放节奏欢快的音乐，请学生举起手中的小张图片，不许说话，只凭眼神、表情和动作去寻找自己的伙伴。

4. 拼好图片的6人立即将图片用胶水粘贴在空白纸上，高高举起，以示胜利，并自然成为活动小组。

【注意事项】

图片既要有区分度，又不能太复杂，以免拖延活动时间。抽取图片的时间也应尽可能地缩短。

活动 11 大风吹

【活动目的】

突破旧有的人际圈子，促使学生改变原有的习惯性组合。

【活动准备】

事先讲清游戏规则。

【活动流程】

1. 学生可自由组成若干4人小组（或6人、8人小组），每组围成一个圆圈，余出的1—2位学生担任主持人（如果分组没有余数，则由教师担任），立于中央。

2. 主持人一开始说："西伯利亚过来的大风吹呀吹！"大家问："吹什么？"主持人说："吹穿白色球鞋的人。"这时，凡是穿白色球鞋者，均要移动，换到其他小组里去。主持人要尽快地抢到某小组的一个位置，使得另外的1—2人没有位置，再由他们担任新主持人接着"吹"，直至新的小组组合基本形成为止。

【注意事项】

1. 可"吹"的对象应随机确定：扎辫子的人、戴眼镜的人、剃平头的人、双眼皮的人、穿某种颜色衣服的人、戴团徽的人、剪短发的人、圆脸蛋的人……

2. 只要达到分组目的（例如，打破了分组时的男生女生界限），即可停止。

活动 12　抓手指[①]

【活动目的】

活跃团体气氛，打消防卫心理。

【活动准备】

事先讲清游戏规则并做示范。

【活动流程】

1. 全班学生围成一个圆圈。如果场地较小，也可以围成两圈，内外各一圈，内外圈学生相向而立。

2. 每个人伸出右手，将掌心向下；再伸出左手，食指向上。将左手食指顶住左边同学的右手掌心，右手掌心则与右边同学的左手食指相接触。

3. 教师可以设计一段引导语，里面会间隔出现"××"两个字，当教

[①] 本活动素材由浙江省杭州市富阳区实验小学张萍老师提供。

师一说到"××"这两个字的时候，学生便用自己的右手掌心赶快去抓右边同学的左手食指，而自己则争取让左手食指快速逃脱，不让别人的右掌心抓住。

例如，教师以"情绪"二字为抓手指动作的信号，说出下段引导语：

一说起"情绪"，我就想起了许多有关的词语：像"怒发冲冠""勃然大怒"，那是形容一个人的愤怒情绪的；"眉开眼笑""喜笑颜开""喜上眉梢"，那是表现一个人的快乐情绪的；像"惊慌失措""惶恐不安"，则反映了一个人的情绪一定非常紧张。如果书中出现了"悲痛欲绝"这个词，说明那个人正处在极度伤心之中；"热泪盈眶"这个词，看似写悲，其实写喜；而像"破涕为笑"这个词，那描写的就是我们小孩子的情绪变化了！

【注意事项】

教师的引导语要混杂设置一些接近动作口令的近义词或读音相近的词语，以便刺激学生的听觉，有意造成学生在活动过程中的失误。

活动 13 一边倒

【活动目的】

活跃气氛，集中学生的注意力。

【活动准备】

事先讲清游戏规则并做示范。

【活动流程】

1. 让每个学生伸出双手，握拳，使拳心朝向自己的胸前。教师喊口令"一边倒"的时候，学生要左手伸出大拇指，右手伸出小指头。

2. 教师再喊"一边倒"的时候，学生收回左手大拇指和右手小指头，同时伸出右手大拇指和左手小指头。

3. 如此反复，教师喊口令的速度不断加快，直至学生乱了阵脚为止。

【注意事项】
1. 可选一名学生在前面带领大家一起做，动作与全体学生相反。
2. 口令应先慢后快。

活动 14　花丛采蜜

【活动目的】
学会主动交往，感受集体游戏的快乐，活跃气氛，放松身心。

【活动准备】
背景音乐。

【活动流程】
1. 一半参与者两两结对扮作花丛，姿势是两人面对面，手握手并举起来，形成一个门洞，在场地内四处散开。
2. 另一半参与者两两结对扮作蜜蜂，姿势是两人肩并肩，手挽手，另一只手当作翅膀上下挥动。
3. 游戏开始后，花丛保持在原地不动，而蜜蜂则四处移动，并从花丛中钻过去，表示采蜜成功。
4. 同一处花丛只能采蜜一次。
5. 比一比，在规定的时间内哪只蜜蜂采蜜最多，而扮花丛的人也要记一下总共有几只蜜蜂到自己这儿采过蜜。

【注意事项】
提醒学生在跑动过程中注意不要相互碰撞。如果有两只蜜蜂同时想从同一花丛中穿过时，要懂得互相礼让。一轮游戏过后，可以让花丛与蜜蜂互换角色继续进行第二轮游戏。

活动 15 万花筒

【活动目的】

1. 本游戏适合在起始年级班级新成员相互认识，打破尴尬时使用，可以帮助学生消除拘谨，增进沟通。
2. 也可以用于随机分组。

【活动准备】

小鼓一面。

【活动流程】

1. 让所有学生务必记住以下七条口诀：

牵牛花一瓣围成圈；
杜鹃花两瓣好做伴；
山茶花三瓣结兄弟；
马兰花四瓣手拉手；
野梅花五瓣力气大；
茉莉花六瓣好亲热；
水仙花七瓣是一家。

2. 让所有学生随意站在指定圈内。游戏开始，主持人随机击鼓念口诀，主持人的口诀随时会停止。当主持人喊到"山茶花"时，学生必须迅速围成三个人的圈；当主持人喊到"水仙花"时，学生要围成七个人的圈；当主持人喊到"牵牛花"时，学生只要一个人站好就可以。

【注意事项】

1. 主持人不要按原文顺序来喊口诀，应该随机喊。
2. 语速要适中。

活动 16　课堂放松操

【活动目的】

放松身体，缓解疲劳，调整状态。

【活动准备】

背景音乐。

【活动流程】

1. 教师说"大家来做放松操"时，全体学生起立，双手叉腰，同时整齐响亮地说"我们来做放松操"。

2. 接着，师生边说口令边做动作。口令是："一二，转转头；三四，抖抖手；五六，扭扭腰；七八，快坐好。"

【注意事项】

它可以作为小学心理辅导课的热身游戏。如果是第一次做，教师可以先分小节教一遍，学生学会后连起来做一遍。

活动 17　大西瓜　小西瓜[①]

【活动目的】

激活团体气氛，打消成员的防卫心理。

【活动准备】

事先讲清游戏规则并做示范。

【活动流程】

1. 首先说明游戏规则，即教师说"大西瓜"，学生要用双手比画出小

---

① 本活动素材由浙江省杭州市富阳区富春第三中学缪群老师提供。

西瓜的样子；教师说"小西瓜"，学生则要用双手比画出大西瓜的样子。

2. 教师无规律地说出"大西瓜"或"小西瓜"，学生跟着教师的口令做动作。

3. 教师语速可以先慢一些，等学生对双手动作基本熟悉后，教师就可以适当加快语速，直至学生屡屡出错、哄堂大笑为止。

【注意事项】

1. 做大西瓜的手势时，动作幅度要稍大一些，以便与小西瓜的动作形成较大的反差，并增加游戏的难度。

2. 活动时间为 2 分钟左右。

活动 18 "飞飞""跑跑"

【活动目的】

激活团体气氛，集中学生的注意力。

【活动准备】

事先讲清游戏规则并做示范。

【活动流程】

1. 首先宣布游戏规则（出示投影）。

（1）教师有 4 个口令，喊"1"，做"飞飞"的动作；喊"2"，做"跑跑"的动作；喊"3"，做跳跳的动作；喊"4"，原地不动。除"4"之外每个动作只做 3 次。

（2）在听到教师的口令后，学生如果没有反应或者做错了，高举右手大声喊："对不起，我错了！"然后坐到座位上。

（3）游戏做到最后始终没有错的学生获胜。

2. 做游戏。

【注意事项】

1. 教师喊口令时不能喊得太快。
2. 喊出七八次口令后，宣布暂停。
3. 教师可以参与到学生的活动中去。
4. 本活动适合在小学实施。

活动 19 害虫和益鸟

【活动目的】

提高学生的注意力和反应能力，活跃气氛，放松身心。

【活动准备】

背景音乐。

【活动流程】

1. 注意听主持人的口令，主持人说"害虫和益鸟"时，大家齐问："请问是什么？"
2. 当主持人回答的词语属于害虫类时，如臭虫、蚊子、蟑螂、苍蝇等，大家必须整齐地拍一下手掌，同时说"打死"。
3. 当主持人回答的词语属于益鸟类时，如燕子、杜鹃、猫头鹰等，大家必须张开双臂做飞翔动作，同时说"飞呀"。

【注意事项】

学生可以两两结对，面对面参与游戏，互相监督，以增加紧张感。出错者要表演小节目或接受对方的"鼓励"。鼓励的方式是被轻轻地刮一下鼻子。肢体的轻微和适度接触可以促进友谊，融洽感情。

活动 20　嘴巴、手指不一样

【活动目的】

提高快速反应能力,活跃团体气氛。

【活动准备】

将全班学生分成两大组,围成里外两圈,相向而立。

【活动流程】

1. 全班学生一起边拍手边说口令:"嘴巴、手指不一样。"

2. 里圈学生注意听外圈学生的口令。外圈学生会说出人体五官中的一个名称,里圈学生要迅速用手指指向其他地方。比如,外圈学生说"鼻子",里圈的对面学生必须指向耳朵、嘴巴、眼睛等其他地方。

3. 如果里圈学生所指的地方和外圈发口令学生说的一样,就算失败,则要表演节目或接受小惩罚。

4. 三分钟后,里圈、外圈学生互换角色,然后继续做游戏。

【注意事项】

参加人员站成两个大圈,每两人面对面站好,以增加紧张感,同时便于互相监督,提高游戏的趣味性。另外,提醒大家注意用手指指向五官时不宜太用力,以免戳痛、戳伤,尤其是眼睛。

活动 21　红黄牌[1]

【活动目的】

帮助学生集中注意力,迅速领会意思并执行动作,活跃团体气氛。

---

[1] 本活动素材由浙江省温州市龙湾区永中第二小学陈丽霞老师提供。

【活动准备】

道具：红牌、黄牌若干。

【活动流程】

1. 两人一组，一人举红牌，一人举黄牌，并排站立。
2. 学生听口令举牌。
3. 口令及动作要求示例：

教师口令	学生动作
举起红牌	举起红牌
放下黄牌	放下黄牌
不要放下黄牌	举起黄牌
放下红牌	放下红牌
不要放下红牌	举起红牌
举起黄牌	举起黄牌
千万不要不举起黄牌	举起黄牌
不要不放下黄牌	放下黄牌
千万不要不举起红牌	举起红牌
举起双手，原地跳一下，放下黄牌	放下黄牌
不要不放下黄牌	放下黄牌
千万不要不举起黄牌	举起黄牌
不要不举起黄牌	举起黄牌

【注意事项】

1. 本活动适合在小学中年级或高年级实施。
2. 口令速度要适中，太快，学生反应不过来；太慢，就失去了活动的挑战性。
3. 设计的道具红牌与黄牌最好能与本节心理辅导课的其他活动结合起

来，以提高道具的使用率。

活动 22 扑克分组

【活动目的】

随机分组，促进团体成员交往。

【活动准备】

1. 根据分组的人数准备扑克1—2副。若是分为4人小组，需要一副扑克；若是分为6—8人小组，则需要两副扑克。

2. 事先将课桌按小组数拼好，每组可放一块名牌卡，上面按扑克牌的点数写出小组的桌号，以作为小组所在位置的标志。

【活动流程】

1. 将扑克牌洗好，发给每人一张。

2. 学生立即根据自己扑克牌的点数，尽快聚集到相对应桌号的小组所在位置。

3. 如果教师需要额外指定几个人来参加某项活动，那就指定拿大王的人走到前排。

【注意事项】

可适当播放音乐以活跃气氛。

活动 23 是非颠倒

【活动目的】

提高学生快速反应与判断的能力，调整习惯性思维，活跃气氛。

【活动准备】

分成若干 4 人小组，每组选出一个主持人，也可以轮流当主持人。

【活动流程】

1. 参加人员在小组内依次回答主持人提出的问题。

2. 要用"是"或"不是"来回答，而且答案必须言不由衷，颠倒事实。比如，主持人问一位男生"你喜欢涂口红"，这时他必须回答"是"。

3. 回答错误者要表演小节目或接受小惩罚，然后由他担任主持人，继续进行问答。

【注意事项】

游戏开始前，要告诉参加人员有些问题可能会让人感到别扭，但这只是一个热身游戏，训练的是快速反应能力，活跃团体气氛，所以要大方地投入游戏，但注意不要提带有侮辱性和讽刺性的问题。

活动 24 春夏秋冬

【活动目的】

1. 让学生使用肢体语言进行沟通。

2. 活跃课堂气氛。

【活动准备】

事先讲清游戏规则并举例子。

【活动流程】

1. 教师给学生下指令："全体同学以自己的出生月份来进行同类组合。"

2. 每个学生只能以自己的手势表示自己的出生月份，不能出声。

3. 当学生以月份进行同类组合后，教师可以让学生根据指示的春夏秋冬四季进行小组合并。

4. "春""夏""秋""冬"四大组形成后，再让学生快速地按男女性别各分为两个小组，可称为"春 X 组""春 Y 组"等（用手势表示）。

5. 然后在各自组内讨论："出生在春季的男孩（或女孩）有什么共同特点？"

【注意事项】

此活动可与青春期辅导内容结合起来。

活动 25 白菜与兔子

【活动目的】

训练个人的专注力和反应能力，活跃气氛。

【活动准备】

事先讲清游戏规则并做示范。

【活动流程】

1. 每组 6 人，分成甲乙两排，每排 3 人，面对面坐下，并各选出一个"排长"。

2. 每个学生都将双手平放在桌上，掌心向上。

3. 由双方的排长轮流叫出植物名称（如白菜），或动物名称（如兔子）。叫到植物名称时，对方的人要将双手上举；叫到动物名称时则放下双手。例如，芹菜（上举），兔子（放下），狐狸（放下），菊花（上举）。

4. 两排排长轮流叫名，节奏要快。当一方动作出现错误时，另一方就要大声说："错！"

【注意事项】

时间控制在 5 分钟左右，一旦气氛激活，即可适时叫停。

活动 26　兔子舞

【活动目的】

营造欢乐气氛，打消学生的防卫心理。

【活动准备】

快节奏音乐。

【活动流程】

1. 将全班学生分为几个六人小组，每个小组排成一队。
2. 小组后面一位学生双手搭在前一位学生的双肩上。
3. 教师随着音乐的节拍喊出动作指令："左二"（左脚跳两下），"右二"（右脚跳两下），"并前"（双脚合并，向前跳一下），"并后"（双脚合并，向后跳一下），"开前"（两脚开立，向前跳一下），"开后"（两脚开立，向后跳一下），等等。

【注意事项】

1. 教师自己事先应将口令与动作练习几次，以体会学生完成动作的节奏感与协调性。
2. 选择音乐时要注意选节奏强烈的，节拍的速度要控制在学生能够合拍的范围之内。

活动 27　志趣相投

【活动目的】

帮助新班级成员在轻松的氛围中积极地去认识新朋友。

【活动准备】

印制一张"志趣相投"卡片，每人一份，内容可根据实际情况调整。

喜欢红色	喜欢踢足球	心直口快	爱交朋友	喜欢旅游
会一种乐器	性格开朗	不喜欢说话	从不传闲话	爱看军事杂志
不喜欢吃肉	喜欢打篮球	爱看名著	喜欢独处	喜欢制作网页
喜欢小制作	喜欢画画	喜欢唱歌	爱看连续剧	爱看体育比赛
骑自行车上学	喜欢外语	爱写作	喜欢跳舞	坚持长跑

【活动流程】

1.发给每人一张"志趣相投"卡片，先圈出最符合自己主要特征的那一项。

2.让学生拿着卡片在教室里随便走动，去寻找符合自己志趣的同学，请那个同学在符合要求的格子里面签名（每个人可能有数项符合，但只需在最符合自己志趣的那个格子里签名）。

3.教师发出信号，请志趣相同的同学聚在一起聊几句，相互熟悉一下。

【注意事项】

整个活动时间控制在10分钟左右。

活动 28　一元五角[①]

【活动目的】

用于分组，并激活团体气氛。

【活动准备】

1. 制作代币卡片，每张代币上写着"一元"或"五角"，数量上应该是"五角"居多。
2. 音乐。
3. 教室里撤去课桌，只留椅子。

【活动流程】

1. 教师播放音乐，让学生在教室里随便走动。
2. 教师下达口令"两元""三元五角""一元五角""三元"等。学生立即按照口令，手持代币寻找伙伴，凑齐数额，不能多也不能少。凑齐后立即围成一圈，并且手拉手。落单者则只好等待下一轮口令时再抓机会成组。
3. 如此活动几轮后，教师可视各小组人数较为合理时，结束活动。

【注意事项】

1. 此活动的变式是：男生为"一元"，女生为"五角"；也可以反过来，即女生为"一元"，男生为"五角"。
2. 此活动也可以用在团体转换阶段，作为提出问题的游戏。若是作为团体转换阶段的游戏，则可以提出以下问题分组讨论：

（1）当你能找到伙伴并拉起他们的手时，你的感受是什么？
（2）当你找不到伙伴或者被别人拒绝时，你的感受是什么？
（3）当你看到有人落单时，你的感受是什么？
（4）日常生活中你有没有类似的境遇呢？你是怎样对待的？

[①] 田国秀.团体心理游戏实用解析[M].北京：学苑出版社，2010：273，有改动。

活动 29　鱼缸式自我介绍

【活动目的】

促进人际沟通，营造团体气氛。

【活动准备】

所有人围成两个大圆圈，内圈的学生面朝外，外圈的学生面朝里，呈鱼缸式排列。准备音乐。

【活动流程】

1. 当所有人围成两个同心圆时，教师开始播放音乐。随着音乐同心圆转动，也可以边唱边转，内圈、外圈的旋转方向相反。
2. 音乐一停，面对面的两人要彼此握手寒暄，并相互自我介绍。
3. 音乐声再起时游戏继续进行。

【注意事项】

1. 学生可以击掌而歌，以营造气氛。
2. 每次相互介绍的总时间为1分钟左右，整个活动控制在5分钟左右。

活动 30　雨点变奏曲

【活动目的】

感受团体气氛，激活团体动力。

【活动准备】

事先讲清游戏规则并做示范。

【活动流程】

1. 教师让学生利用身体的任何部位碰撞发出两种以上的声音（学生会发出各种各样的声音）。

2.让所有学生用最擅长的方式（不许用嘴）发出声音（这时，会发现学生已经形成几个主流的声音，如鼓掌）。

3.教师引导学生渐渐地形成四种发出声音的方式：手指互相敲击——两手轮番拍大腿——大力鼓掌——跺脚。

4.教师问："如何将发出的声音变成有节奏的声音呢？是不是可以利用一种自然界的现象来使发出的声音变得美妙、动听？想象一下，我们发出的声音和下雨会不会有许多相似的地方？"

（1）小雨——手指互相敲击。

（2）中雨——两手轮番拍大腿。

（3）大雨——大力鼓掌。

（4）暴雨——跺脚。

5.教师说："让我们用声音来描绘一曲《雨点变奏曲》。现在开始下小雨，小雨变成中雨，中雨变成大雨，大雨变成暴雨，暴雨变成大雨，大雨变成中雨，又渐渐变成小雨……"

【注意事项】

教师应注意引导并控制场面，使其热烈而不混乱。

活动 31 爱的鼓励

【活动目的】

营造活跃的团体气氛。

【活动准备】

事先讲清游戏规则并做示范。

【活动流程】

1.请每个学生站起来并张开双臂，人与人之间空出大约一臂的距离。

2.请全体学生迅速拍手，然后张开双臂。

3.把这两个动作连续做10次，动作要快。

4.得出结论,告诉全体学生:"相信大家确实感觉良好,因为在这热烈的掌声中我们感受到了每一个人快乐的心声,感受到一种爱的鼓励。"

5.教师可以和学生约定:"以后我们每一次心理辅导课的开始和结束时,都让我们给自己一次爱的鼓励!"

【注意事项】

教师的语气、语调和表情都应是充满喜悦的。

语言类热身游戏
—— 以言促热

活动 32　Rap 传递[1]

【活动目的】

师生共同用说唱的方式介绍自己，再用说唱的方式交流这节课的目标和学生的意愿，最后用集体哼唱的方式放松自己，融入群体。

【活动准备】

请学生围圈坐好，教师带领学生相互问好后，提示大家："老师会弹奏（或播放）一段固定的音乐节奏。伴随这个节奏，请大家寻找同伴与自己之间的相似之处，并用 Rap 的方式唱出来。"准备乐器或音乐。

【活动流程】

1. 自我介绍——以歌唱己。

教师弹奏（或播放）《两只老虎》的和弦，跟随音乐介绍自己。比如："我是 YOYO，我是 YOYO，大家好！大家好！我喜欢音乐，也喜欢阅读。大家好！大家好！"学生依样分别做自我介绍。

2. 目标建立——以歌达意。

（1）教师弹奏（或播放）《两只老虎》的和弦，跟随音乐介绍自己做这个活动的初衷。比如："我是 YOYO，我是 YOYO，大家好！大家好！我愿帮助大家，你们想得到什么，请告诉我。"学生跟着节奏依次表达自我需求。（注：在这个过程中，如果有人还没想好，可以直接唱出"我还没想好"，切勿强求。）

（2）学生讨论，教师将学生的目标和愿望记录下来。

---

[1] 本活动素材由浙江省杭州市采荷中学周瑶老师设计提供。

3. 团体凝聚——以歌放松。

（1）教师教学生四句易掌握又动听的哼唱，每名学生依次轻声唱一句，循环往复。教师要引导学生聆听自己的声音，尽量使自己的声音向团体靠拢，整个团体就像一个人在哼唱。

（2）教师可以提醒学生闭目演唱，如果有情绪流淌，就让其自然发生，无论快乐、悲伤、惆怅都不要刻意阻止，让其自然发生、转变。

4. 小组成员简单地议论一下哼唱活动的感受。

【注意事项】

整个活动氛围要轻松、开放，不可拘谨，教师自己首先要做好示范。有一定音乐基础的教师带领此活动，效果会很好。

活动 33 问候 Hello—Hi[①]

【活动目的】

活跃气氛，制定公约，引入新知，为后续活动做铺垫。

【活动准备】

教师可以在课前制作"Hello—Hi"的动画小视频，帮助讲解活动规则。

【活动流程】

导语："今天，老师给大家带来了一个游戏：Hello—Hi。当我说 Hello 的时候，你们要说 Hi；当我说 Hi 的时候，你们则说 Hello。我们一起来试一试。"

1. 游戏尝试。

Hello—Hi。

---

① 本活动素材由浙江省杭州市永兴小学潘婷婷老师设计提供。

Hi—Hello。

Hello，Hi，Hello—Hi，Hello，Hi。

Hi，Hi，Hello，Hi—Hello，Hello，Hi，Hello。

2. 调整游戏规则（师生用词翻转）再做一遍。

3. 教师提问："很多同学的反应速度很快，能告诉我你们有什么秘诀吗？"

学生可能回答专注倾听，记清规则，听的时候保持安静等。

教师小结："我们就把静心、专注、倾听、参与，作为这节课的公约。如果没问题，就鼓掌通过。"

教师提示："在下面的活动过程中，Hello—Hi 也是我们的调整口号。你听到后，请调整到倾听的状态。我们再来试一遍，Hello—Hi。"

【注意事项】

本游戏更适合作为小学心理辅导课的热身活动。

活动 34 十答"我是谁"

【活动目的】

1. 促进团体成员进一步了解自我，建立正向的自我概念。
2. 了解每个人的独特之处，增强团体凝聚力。

【活动准备】

制作说明游戏规则的 PPT。

【活动流程】

1. 将全班学生分为 6 人一组，其中的 5 人围成一个半圆形，另一人作为中心人物坐在 5 人对面，面向小组成员。

2. 5 位小组成员按从右到左的顺序，每人对中心人物快速提问"你是谁"，中心人物必须快速回答一句正向描述自己特点的话。例如，"我是一个孝子"，或"我是一个爱读书的人"。回答正确，则其余 5 人齐声呼应"哦——";回答错误(答案为负向的),则其余 5 人双手交叉齐声呼应"错——",并由中心人物重新说出一个正向的特点。然后依次由下一位同伴再问"你是谁",中心人物再快速回答。

3. 提问两轮后,中心人物总共回答了 10 个"我是谁"的问题,然后立即换另一人做中心人物,再来回答同伴的两轮问题。

4. 活动总时间控制在 10 分钟左右,然后教师组织各小组讨论:"在刚才的活动中,你对自己有了什么新的认识?"

【注意事项】

1. 中心人物回答"我是谁"的答案必须是正向的个人特点,回答速度要快,不假思索。

2. 其余 5 人回应"哦"或"错"时声音要响亮,以营造团体氛围。

3. 此活动适用于中学心理辅导课。

活动 35 可怜的小猫

【活动目的】

活跃团体气氛,降低防卫心理。

【活动准备】

事先讲清游戏规则并做示范。

【活动流程】

1. 将全班学生分为 6—8 人一组,各组围坐成圈,一人当小猫站在中间。

2. 小猫走到任意一人面前,蹲下学猫叫;小猫面前的人要用手抚摸小猫的头,并说:"哦!可怜的小猫。"但是不能笑,一笑就算输,要换位当小猫。

3. 若抚摸者不笑,则小猫要叫第二次;仍不笑,小猫再叫;还不笑,小猫就得离开对方找别人。

【注意事项】

1. 当小猫者可以装模作样，以逗对方笑。
2. 此活动很容易使气氛活跃起来。此时，教师应及时叫停。

活动 36 青蛙跳水

【活动目的】

活跃团体气氛，降低防卫心理。

【活动准备】

事先讲清游戏规则并做示范。

【活动流程】

1. 将全班学生分为 8—10 人一组，各组围坐成圈。
2. 每个小组由一名主持人开始说："一只青蛙——"第二个人说："一张嘴！"第三个人说："两只眼睛——"第四个人说："四条腿！"第五个人说："扑通一声——"第六个人说："跳下水！"
3. 下一个人紧接着说："两只青蛙——"再下一个人说："两张嘴！"再下一个人说："四只眼睛——"再下一个人说："八条腿！"再下一个人说："扑通扑通——"再下一个人说："跳下水！"……如此累计将数字叠加上去，直至某一成员出错，再从头开始。

【注意事项】

1. 这本是喝酒的时候用筷子击碗的游戏。看似简单，但玩的时候，因为越说越快，结果往往闹出"二条嘴""四张腿"的笑话。
2. 分组人数不能是 6 或 12，否则容易重复同一句式，不易出错。

活动 37　开火车

【活动目的】

激活团体动力，缓解拘谨气氛。

【活动准备】

事先讲清游戏规则并做示范。

【活动流程】

1. 将全班学生分为6—8人一组，以小组为单位做游戏。

2. 开始前，小组内每个人说出一个地名，代表自己，但是地名不能重复。

3. 游戏开始后，假设甲来自北京，乙来自上海，丙来自广州。甲就要说："开呀开呀开火车，北京的火车就要开。"全组学生一起问："往哪儿开？"甲说："往上海开。"代表上海的乙就要快速反应，接着说："上海的火车就要开。"然后大家一起问："往哪儿开？"再由乙选择丙，丙应说："往广州开。"如果丙稍有迟疑，没有反应过来就算输了。输者应受罚。例如，可以学猫叫。

4. 上述程序结束后，可进行游戏的变式：以小组为单位，每个小组代表一个地名，以小组为单位集体应答，输的小组集体受罚，则气氛会更加活跃。

【注意事项】

1. 注意各小组应关注本组游戏，不要相互干扰。
2. 输者受罚，应以活跃气氛为目的，不能伤害受罚者的自尊。

活动 38　绕口令

【活动目的】

活跃气氛，集中学生的注意力。

【活动准备】

制作投影，事先讲清游戏规则并做示范。

【活动流程】

1. 教师以投影示范口令内容。
2. 先慢后快进行练习。
3. 正式操作时可按小组循环说绕口令，哪一组出错就受罚。
4. 口令参考：

（1）车上有个盆，盆里有个瓶，乓乓乓，乒乒乒，不知是瓶碰盆，还是盆碰瓶。

（2）金瓜瓜，银瓜瓜，地里瓜棚结南瓜。瓜瓜落下来，打着小娃娃。娃娃叫妈妈，妈妈抱娃娃。娃娃怪瓜瓜，瓜瓜笑娃娃。

（3）肩扛一匹布，手提一瓶醋，看见一只兔。放下布，摆好醋，去捉兔。跑了兔，丢了布，泼了醋。

（4）高高山上一条藤，藤条头上挂铜铃。风吹藤动铜铃动，风停藤停铜铃停。

（5）西关村种冬瓜，东关村种西瓜。西关村夸东关村的西瓜大，东关村夸西关村的大冬瓜。西关村教东关村的人种冬瓜，东关村教西关村的人种西瓜。冬瓜大，西瓜大，两个村的瓜果个个大。

（6）毛毛和涛涛，跳高又赛跑。毛毛跳不过涛涛，涛涛跑不过毛毛。毛毛教涛涛赛跑，涛涛教毛毛跳高。毛毛学会了跳高，涛涛学会了赛跑。

（7）四是四，十是十。要想说对四，舌头碰牙齿；要想说对十，舌头别伸直。

（8）黑化肥发灰，灰化肥发黑。

【注意事项】

先慢后快，努力做到口齿清楚。

活动 39　星座物语

【活动目的】

学生属于什么星座？星座相同的人是否有相同的性格？这些内容可以为初次见面的学生拉近距离。

【活动准备】

印有星座的挂图和一些相关内容的资料。

【活动流程】

1. 将 12 星座图挂在教室的四面墙上，让属于某星座的人全部围坐到该星座图的下面。给大家 10 分钟时间，让每个星座的人在内部讨论。讨论内容：自我介绍，介绍他们各自与星座相关的特点。

2. 挑选几个小组，让学生报告各自的发现。

【注意事项】

为了让全体学生都能参与活动，教师应事先简单介绍星座常识。

活动 40　言不由衷

【活动目的】

活跃现场气氛，同时考验学生的反应能力。

【活动准备】

1. 事先讲清游戏规则并做示范。
2. 强调团体规范。

【活动流程】

1. 此游戏是用"是"或"不是"来回答的。但答案必须言不由衷，颠倒事实。

2. 比如，问一位男生："你常穿裙子？"男生必须回答："是。"
3. 指定一个人当鬼，由鬼依次对小组成员发问，答错的人就换位当鬼。
4. 如果对每个人各问两个问题，场景则会相当有趣。

【注意事项】

1. 当鬼的学生必须反应快，机智而有分寸，用词得当。
2. 不能提出伤对方自尊的问题。
3. 男女混合编组可以减少调侃现象。

活动 41 初次见面

【活动目的】

消除新班级成员之间的陌生感。

【活动准备】

活动前将每个学生的姓名牌收上来。如果学校还未将姓名牌发到学生手里，则可以让学生自己做一个规格一致的姓名牌，活动前收上来。

【活动流程】

1. 将全班姓名牌随机发到每个学生手里，如果有人领到了自己的姓名牌，就与别人交换一下。
2. 要求所有学生在 1 分钟之内找到姓名牌上的同学，相互说一句："初次见面，请多关照！"然后相互做自我介绍。

【注意事项】

整个活动控制在 5 分钟左右。

活动 42 模拟采访

【活动目的】

帮助学生更好地了解彼此的背景，学会在最短的时间内将对方的闪光点抓住。这有助于新生之间的沟通和交流。

【活动准备】

1. 事先讲清游戏规则并做示范。
2. 强调团体规范。

【活动流程】

1. 将全班学生分成 4 人一组，再两两自由组合。但是，每小组的两个人必须互不相识。

2. 每组中一人充当记者，另一人充当被采访者，采访的内容和形式自主决定。时间为两分钟，注意不要涉及隐私等问题。

3. 记者在两分钟内尽量地获取被采访者的信息。然后调换角色，再进行一次采访。

4. 采访完毕，每位学生将采访的信息在小组内做一次一分钟演讲，将自己搭档的信息介绍给大家，最后可以让大家评选出本小组最好的演讲者。

【注意事项】

控制时间。

活动 ㊵ 粉丝大盘点[①]

【活动目的】

激发兴趣，为活动主题"偶像崇拜"引出话题。

【活动准备】

1. 事先讲清游戏规则并做示范。
2. 强调团体规范。

【活动流程】

1. 教师说明游戏要求：请快速说出青春偶像的名字。
2. 宣布游戏规则：以小组为单位进行抢答，答对1题加10分，答错1题倒扣10分，最终分值最高的小组获胜。
3. 投影出示抢答题目（略）。

【注意事项】

教师可根据本地学生崇拜的青春偶像人物对题目加以适当调整。

[①] 钟志农.班主任心育活动设计36例：初中卷[M].北京：教育科学出版社，2012: 184.

第二章

团体转换阶段设计素材

在心理辅导课进入团体转换阶段后，辅导教师的主要工作是协助学生了解本次活动的辅导目标，指明本节心理辅导课将要解决的主要问题，启动团体动力，激活学生思维，进一步营造信任、安全与开放的氛围，使学生有足够的心理准备来应对后面的团体工作阶段将要直面的问题，为他们观念与行为上的改变或抉择做好必要的铺垫。因此，这一阶段活动素材的选择必须紧紧围绕辅导主题和辅导目标。

案例类活动素材
——以事促转

活动 44 甩不掉的影子

【活动目的】

通过对案例的讨论分析,引出高中男生女生交往中"众多不确定因素"这一话题,从而引发学生思考,引起不同观点的碰撞,催化团体动力。

【活动准备】

制作案例PPT。

【活动流程】

1. 教师引言:"高二女生小灵最近特别烦恼,她遇到了什么麻烦事呢?请看案例《甩不掉的影子》。"

2. 投影出示案例。

小灵进入高中后,发现周围同学成双成对的不少,她不禁有种失落感。此时同班同学小刚向她表达了爱慕之情。小灵对小刚没什么感觉,但是她在微妙的心理支配下答应和小刚交往。进入高二后,小灵觉得和小刚的交往影响了自己的学习,想放下这段感情专心读书。但是小刚对小灵一往情深,他表示每天来学校只是为了能和小灵在一起。小灵觉得自己好像被小刚粘住了一样,走到哪里都甩不掉小刚的影子,她感到苦恼极了。

3. 分组讨论:

(1)从高一到高二,小灵的想法有了什么改变?她为什么有这样的变化?

(2)你对小刚的处境和做法有何理解?

（3）如果你处在小灵或小刚的位置上，你会如何想，如何做？

【注意事项】

团体转换阶段的活动案例讨论是为了提出问题，真正解决问题是随着团体进程的发展步步深入才能办到的。因此，对本案例的讨论重在引发不同的看法，并且营造一种信任、安全的氛围。教师应认真倾听，表达同感与接纳，适当地回应学生的意见，但切勿匆忙做出价值评判。如果学生在此阶段对教师缺乏信任感，害怕自我开放，甚至存在抗拒心理，那么就不可能达到催化团体动力的目的。

活动 45 星星和泥土

【活动目的】

为帮助学生理解认知调整的重要性提供铺垫。

【活动准备】

制作案例 PPT。

【活动流程】

1. 出示投影片《星星和泥土》。

塞尔玛陪伴丈夫驻扎在一个沙漠的陆军基地里。丈夫奉命到沙漠里演习，她一个人留在部队的小铁皮房子里。天气热得受不了——在仙人掌的阴影下也有 50 多度。她没有人可以聊天——身边只有墨西哥人和印第安人，而他们不会说英语。她非常难过，于是就写信给父母，说要丢开一切回家。她父亲的回信只有两句话，但这两句话却永远留在她心中，完全改变了她的生活。

"两个人从牢中的铁窗望出去。一个看到了泥土，另一个却看到了星星。"

塞尔玛一再读这封信，觉得非常惭愧。她决定要在沙漠中找到星星。

　　塞尔玛开始和当地人交朋友，他们的反应使她非常惊奇：她对他们的纺织品、陶器感兴趣，他们就把最喜欢但舍不得卖给观光客人的纺织品和陶器送给了她。塞尔玛研究各种沙漠植物、动物的形态，又学习了有关土拨鼠的知识。她观看沙漠日落，还寻找海螺壳。这些海螺壳是几万年前这片沙漠还是海洋时留下来的……

　　结果，奇迹发生了：原来难以忍受的环境变成了令人兴奋、流连忘返的奇景。

　　2. 分组讨论：是什么使塞尔玛的内心发生了这么大的转变呢？

　　3. 教师小结："沙漠没有改变，印第安人也没有改变，但是塞尔玛的念头改变了，心态改变了。一念之差，使她把原先认为恶劣的情况变为一生中最有意义的冒险。她为发现新世界而兴奋不已，并为此写了一本书，以《快乐的城堡》为书名出版了。她从自己造的牢房里看出去，终于看到了星星。"

【注意事项】

　　1. 本案例行文简洁而含义深刻，相信可以对每个学生的心灵产生震撼力量。对这一案例的讨论是为了引出"一念之差，可以改变生活"这样一个话题，关键就在于案例必须典型。

　　2. 整个讨论控制在 10 分钟左右，然后应立即将视野转向学生的实际生活。

活动 46　天亮了[①]

【活动目的】

　　通过典型案例营造浓情氛围，引发学生内心强烈的震撼和思考，为深

[①] 本活动素材由"心海扬帆"中小学心理辅导网站网友 wyh820109tdj 提供。

入探讨父母之爱奠定情感基础。

【活动准备】

歌曲《天亮了》。制作案例PPT。

【活动流程】

1. 介绍歌曲《天亮了》的由来。

同学们，你们是否听过这样一个故事——1999年10月3日，在贵州省马岭河风景区，正在运行的缆车突然坠毁，而就在悲剧发生的一刹那，一对年轻的夫妇用双手托起了他们两岁半的儿子，结果儿子得救了，这对父母却失去了生命。这个故事传遍了大江南北，也深深地震撼了歌手韩红。她不仅认这个大难不死的小孩为儿子，还以此为题材创作了一首催人泪下的歌曲《天亮了》。现在，请同学们闭上眼睛，体会一下歌中表达的感情。

2. 模拟情景，播放歌曲《天亮了》。

3. 分组讨论：假设，现在你和妈妈就坐在这个缆车上，灭顶之灾就要降临在你们身边，你和妈妈只有一个人能活下来，你和妈妈会有怎样的表现？最后的结局会怎样？

【注意事项】

这一活动重在催化情感，倾听学生内心的感受，营造一种凝重的团体气氛。教师不必忙于抒发自己的感想，也不要将自己的价值观一股脑儿地灌输给学生。例如，下面这样一段说教就显然是不恰当的，可谓画蛇添足——

同学们，你们能听出这首歌所要表达的意思吗？是的。它就是在赞美这世间最博大、最无私的父母之爱。他们不会因为你的一点儿过失就不再爱你。我们是否也不应该因为他们的一些误会而否认了他们的爱呢？正如太阳也有黑子，但这并不能抹杀它哺育万物的功劳。生活中每个人都会有错，可世界毕竟充满爱。

表演类活动素材
——以演促转

活动 47 穿越时空的会面

【活动目的】

通过再现三位名人的曲折事迹，引出话题——如何根据自己的特长和社会的需要，来做生涯规划。

【活动准备】

小品要事先排练好，且要适当注意服装和造型。比如，鲁迅先生应该穿中式长袍，上唇贴一绺浓密的假胡子；阿西莫夫和达尔文可戴上假发，贴上假高鼻子；青年身穿白大褂，戴一副深度眼镜。

【活动流程】

1. 教师引言："人生最重要的是认识自己，发现自己；人生最难的也是认识自己，发现自己。只有头脑清醒的人才会抓住机遇，找到真正适合自己的定位，并做出一番不同凡响的大事业来。历史上这样的智者不乏其人。今天，就让我们认识一下其中的三位名人。有请中国伟大的文学家鲁迅先生、美国享誉全球的科幻作家阿西莫夫先生和英国伟大的生物学家达尔文先生！"

2. 小品表演。

（扮演鲁迅的学生上场）

鲁迅：美国科幻作家阿西莫夫先生约我在这儿见面。怎么还不见他来呢？（看表）哦，早到了十分钟。人老了，就糊涂起来了！唉，这时间哪，可也真是过得快，一转眼，又是好几十年过去了。记得小时候，为了医治父亲的病，我经常出入药铺和当铺，于是决定学医。可是，当我在日本学医的时候，我发现医治国民的精神才是最重要的，而且我觉得自己作为医生,并不出类拔萃。因此,我就弃医从文,开始从事文学创作了,结果倒在文坛上取得了一定的成就。

(这时,扮演阿西莫夫的学生从另一边上场)

阿西莫夫:亲爱的鲁迅先生,您好!劳您久等了。对于您创作的阿Q、祥林嫂、孔乙己这些人物形象,连我们一般的美国人也都是十分熟悉的。我非常喜欢您的作品,一直盼着能和您见上一面。今天总算有机会能让我一偿夙愿了。

鲁迅:亲爱的阿西莫夫先生,您过奖了。对于您,我也早已久仰大名,拜读了不少您的大作。对于您丰富而大胆的想象力,我一向佩服得紧。只是有个疑问,我一直想要当面请教。就是据我了解,您原本是生物化学老师,可是后来怎么也搞文学创作,写起科幻小说来了呢?

阿西莫夫:我改变职业倒不是一时的心血来潮。其实,我从小就喜欢写作,18岁就发表科幻小说了。我确实曾在生物化学领域努力地工作过,但是有一天,我终于意识到,自己决不会成为第一流的科学家,但可以成为第一流的作家。于是,我根据自己的才能,把主要精力都放在了科幻写作上,至今已写了百余本科幻读物。结果,我没有成为一个优秀的生物化学老师,却成了一个多产的科幻作家。

鲁迅:哦,原来是这样!虽然有些曲折,但您最终还是找到了最适合您的职业。

(扮演达尔文的学生上场)

鲁迅:您看,那不是达尔文先生吗?达尔文先生,您怎么也来了?

(三人握手、寒暄、谈笑。这时,有一个身穿白大褂的青年唉声叹气地走过,三人叫住青年。)

阿西莫夫:年轻人,正当青春年少,干吗唉声叹气的呢?

青年:唉,你们不知道,我确实感到非常痛苦。高中毕业的时候,我的高考成绩是全校最好的,选择志愿时,我就填了热门的口腔医学专业,结果以优异的成绩被录取了。但是,由于我平时动手能力就比较差,手指不够灵活,因此我做的假牙总是比别人做的假牙大,同学们都取笑我做的假牙是"牛牙",后来就干脆给我取了个绰号,都叫我"牛牙"了。现在,我正在实习,同学们的能力都明显比我强。唉,我实在不知道今后毕业了，我该怎么办？

达尔文：年轻人，我给你讲讲我的亲身经历吧。我的父亲打算让我去神学院学习，但我知道自己的记忆力和口才都不行，又不擅长人际交往，而这些都是当牧师必不可少的能力。同时，我知道自己酷爱生物科学，有较强的探索能力和思维能力，于是毅然决定选择生物科学。经过多年的考察和研究，我终于发现了生物进化的理论。

鲁迅：是啊，年轻人，选择一种适合自己的职业对于人的一生都是非常重要的，而你却很盲目地选择了一份非你所长的职业，难怪你如此痛苦呢！但丁说过，要是白松的种子掉进石头缝里，它就只会长成一棵很矮的小树，但要是它长在南方肥沃的土地里，它就能长成一棵大树。一个人只有选择一种适合自己能力的职业，并且努力奋斗，才能在自己所从事的职业领域里有所建树呀！

3. 讨论：看到这次"穿越时空的会面"，对你筹划未来的生涯道路有什么启示？

【注意事项】

本活动适合在高中阶段实施，活动时间约为 10 分钟。

活动 48　铅笔盒的风波

【活动目的】

呈现校园冲突情境，引发学生对处理人际矛盾具体技巧的思考。

【活动准备】

小品要事先排练好，且要准备道具。

【活动流程】

1. 学生表演小品《铅笔盒的风波》。

旁白：下课铃响了，小波有事快步走出教室，感觉手臂无意中碰了一下别人的桌子。因为教室过道里拥挤，人声嘈杂，他未察觉自己已经不小心碰掉了小明放在桌子上的铅笔盒。小明嘟囔着捡起铅笔盒一看，发现已经有些变形了，心里很不高兴。过了一会儿，小波回到教室。

小明：嘿！小波，你这个人怎么搞的，没长眼睛呀！把我的铅笔盒摔到地上了！

小波：你才没长眼睛呢！我又不是有意的。再说，是我碰掉的吗？可别诬陷好人哪！一个小小的铅笔盒，有什么大不了的！

小明：怎么，摔了人家的东西，你还嘴硬，你这个……

小波：你这个……

2. 表演完毕，学生分组讨论下列问题：

（1）假如你是小明，你会怎么想，怎么说，怎么做呢？

（2）假如你是小波，你又会怎么想，怎么说，怎么做呢？

（3）在我们的生活中，类似这样的矛盾冲突一定有很多，请在小组里和大家分享几个事例。

【注意事项】

三位演员事先要认真排练，情感要投入，表演要真实。

活动 49 晓俊长大了吗 [①]

【活动目的】

通过小品，形象地展现初中二年级学生半成熟、半幼稚的年龄特征，引发学生对自我独立性与成人感的反思。

[①] 本活动素材由浙江省杭州市保俶塔实验学校张英飞老师设计。参见钟志农. 心理辅导活动课操作实务[M]. 宁波：宁波出版社，2007: 141.

【活动准备】

1. 选好演员——晓俊、爸爸、妈妈、阿姨（兼旁白者），认真排练小品。

2. 道具：玩具电话、手机、书包、报纸 1 份、杂志 1 份、书 1 本、硬币 2 元、身份证 1 张。

【活动流程】

1. 教师引言："今天我们讨论的话题是'我长大了'，让我们先来看一个发生在大家身边的真实故事。"

2. 小品表演。

旁白：一天下午放学后，晓俊在游戏室里玩了个痛快，直到五点半才急匆匆地赶回家。瞧！他来了。

晓俊：（站在门外听了一下，一边摸钥匙开门，一边自言自语）还好。（进屋，听到电话铃响起，忙跑过去接电话）喂！

妈妈：喂，儿子，是我。

晓俊：妈，你看现在几点了？快点回来烧饭给我吃。

妈妈：今天晚上我和你爸加班，晚饭不回来吃了。冰箱里有你爱吃的……饭热一下就行了。作业不要忘记，不许看电视，睡觉前把窗户关上……

晓俊：（不耐烦的样子）好了好了，我知道了，真是啰唆！（把电话挂了，又看了看表）反正肚子还不饿，先做会儿作业。（拿出数学作业便开始做起来，遇到一道难题，皱起眉头想了一会儿，但想不出来，于是把笔狠狠地扔在桌子上，站起来打开冰箱，自言自语）要我自己烧饭太麻烦了，不如到外面吃吧。（从口袋里仅摸出两块钱）唉，这么一点点钱，只够填填肚子角，要是自己会赚钱就好了。（来回走，想办法，突然一拍脑袋）对，到阿姨家去！（打电话）喂，阿姨，我是晓俊。

阿姨：是晓俊啊！好久不见了，有什么事？

晓俊：爸妈今天加班，没人做饭……

阿姨：那你到我家来吃吧，我们刚刚开饭。

晓俊：好嘞！

旁白：晓俊高高兴兴地到阿姨家吃饭去了，匆忙中忘了带钥匙……晚上8点，爸爸和妈妈回家了。

妈妈：（爸爸扶着她一瘸一拐地走）今天真是倒霉。

爸爸：当心点！（为妈妈开门，扶她坐好，看到晓俊的书包，便问）咦，晓俊上哪儿去了？

妈妈：吃晚饭前我还给他打过电话呢。

爸爸：这孩子现在越来越不像话了！

旁白：晚上9点，晓俊终于回家了。

晓俊：妈，开门。

爸爸：你回来得倒挺"准时"的。干什么去了？

晓俊：到阿姨家吃饭去了。

爸爸：你看看现在几点了？你在吃法国大餐啊！

晓俊：我长得都比你高了，还一天到晚管着我。瞧！这是我刚领的身份证！

爸爸：这么迟回来还犟嘴！我问你，作业做好了吗？

晓俊：还有两天时间呢！你们平时不也很晚才回家吗？

爸爸：我们是为了工作，你为了什么？

妈妈：好了好了，别吵了。

爸爸：我不管了，你以后别后悔。

晓俊：（看到妈妈站起来时一瘸一拐的模样）妈，你的脚怎么了？

妈妈：唉，今天下班时不小心被别人撞了一下。

晓俊：快坐下！你刚才站起来要干吗？

妈妈：我想到书房去拿本书。

晓俊：我去给你拿。

妈妈：（看到儿子把书递到自己手上）我们晓俊还是挺懂事的嘛！

（演员鞠躬下场）

3. 小组讨论：看了上面的小品，请大家结合小品中的有关情节，具体说说晓俊有没有长大。

4. 教师小结："晓俊正处在成长的过程中，大家的意见是，有些方面他已经长大，有些方面他还没有真正长大。"

【注意事项】

小品的排练非常重要，要发挥小演员的创造性，让他们真实地表现出这个年龄段的初中生与父母之间的矛盾与冲突。

活动 50 "我能行"与"我不行"

【活动目的】

形象地展示小学生缺乏自信的一些具体想法，引起学生的自我反思。

【活动准备】

选好演员并认真排练是关键，可适当加一点儿小道具。

【活动流程】

1. 教师引言："有一个小朋友觉得自己做什么事都能行，另一个小朋友却觉得自己做什么事都不行。有一天，他们碰到了一起。请看角色扮演《'我能行'与'我不行'》。"

2. 角色扮演。

我能行：小朋友们，你们好！我的名字叫"我能行"。

我不行：小朋友们，你们好！我的名字叫"我不行"。

我能行：我是一个能干的小朋友，朗读课文可棒了，经常得到同学的称赞。我会帮爸爸妈妈做家务，会照顾邻居的小弟弟。我还是一个很喜欢旅游的人，爬山、游泳，样样都难不倒我。

我不行：我什么都干不好，做事总是不会成功。写作业时，老是会有错误。帮妈妈洗碗还不小心打破了一只碗，被妈妈批评了一顿，真不高兴。本来唱歌是最拿手的，可一到台上，心里就紧张，连歌词都忘了……唉，我这个人，做什么都不行！

我能行：其实，我也有遇到困难的时候。但我总是想，我肯定行，我准能做好这件事！有时候，虽然事情并没有做得很成功，但我想，我已经认真去做了，已经尽了自己最大的努力，所以我仍旧很高兴。（蹦蹦跳跳地下场）

我不行：有时候，我也会得到大家的赞扬，但是比我做得好的人多的是呢！（垂头丧气地下场）

3. 小组讨论、交流：这两个小朋友，你遇到过吗？你觉得自己有些像谁呢？

【注意事项】

角色扮演时要注意学生的年龄特点，应尽可能生动、有趣。比如，可以用卡通画做两个头饰，一个愁眉苦脸，上书"我不行"；另一个充满自信，上书"我能行"。

影视音像类活动素材
—— 以视促转

活动 51 《鳄鱼波鞋走天涯》

【活动目的】

以电影中主人公的感人故事营造团体氛围，并引发学生对友谊内涵的重新思考。

【活动准备】

制作电影《鳄鱼波鞋走天涯》的剪辑视频，并配以歌曲《朋友》，剪辑视频总时间为 5 分钟左右。

【活动流程】

1. 播放电影《鳄鱼波鞋走天涯》的剪辑视频，配以歌曲《朋友》。
2. 教师旁白故事梗概——

这是一个感人的故事。故事的主人公是德斯特和艾瑞克。德斯特因为发高烧去医院打针，不幸感染了艾滋病，从此所有的小朋友都离开了他，他在病痛和孤独之中艰难度日。后来，妈妈带着德斯特远走他乡，和艾瑞克成了一墙之隔的邻居。

经过一段时间的了解，艾瑞克终于打消了顾虑，和德斯特一起玩耍，成了好朋友。艾瑞克想尽办法为德斯特试验各种药方，当他从杂志上看到美国南部新奥尔良州发现了治疗艾滋病的草药这样一个报道之后，就在暑假里领着德斯特离家出走，一路跋山涉水，历尽千辛万苦，千里迢迢地寻找生命的希望。在旅途中，德斯特在夜里常常做噩梦，他梦见自己向宇宙的最边缘飞去，那里是一片寒冷和黑暗。德斯特每次都被噩梦惊醒，浑身冷汗淋漓。有一次，艾瑞克就把自己的球鞋塞到他的怀里，说："下次你再做噩梦吓醒的时候，只要闻到我的臭鞋味，就知道你还在地球上，而且艾瑞克就在你的身旁。"

　　走到半路，他们被德斯特的母亲找到了。回到家后，德斯特病情发作，又住进了医院。艾瑞克每天都到医院里来陪伴他，和他做游戏，逗他开心。其中有一个游戏就是"装死吓人"。他们一起吓过好几个医生、护士，但在最后一次玩"装死吓人"的时候，德斯特再也没有醒过来，他是在游戏的快乐中离开人世的。

　　在回家的路上，德斯特的母亲非常伤心。这时，艾瑞克说（读电影对白）……

　　在葬礼上，艾瑞克来到德斯特身边。德斯特安详地躺在棺木里，好像正在熟睡。艾瑞克默默地注视着自己的朋友，想起了他俩在旅途中的种种往事，然后，把自己的一只球鞋留在了德斯特的怀里，又带走了朋友脚上的一只皮鞋。这是两个男孩之间的秘密，其中的含义只有他俩知道。

　　艾瑞克来到他俩一起寻找生命希望的出发地，把皮鞋慢慢地放进河里，让河水带着德斯特生前的心愿，流向南方……

　　3. 引发讨论：这是一个关于朋友的故事。故事有些令人伤感，但它一定震撼了你的心灵，并且使你想起了自己和朋友之间的许多往事。那么下面就让我们来说说自己交朋友的故事。你最好的朋友是谁？他虽然普普通通，但一定让你喜欢，你们是怎么成为朋友的？你们之间曾发生过哪些故事？哪一件事情使你至今难以忘记？在小组里和大家分享你的感受，好吗？

【注意事项】

　　1. 教师的旁白对于营造氛围、激发学生体验内心强烈的情感十分重要，因此要格外注意对旁白的语气、声调、情感表达的把握。

　　2. 本活动适合初一年级学生。

活动 52　青春烦恼有几何

【活动目的】
　　通过几个视频或音频片段，呈现初中生青春期到来时普遍出现的种种烦心事，以引起学生对本次辅导主题的关注和兴趣。

【活动准备】
　　根据脚本事先拍摄校园生活视频。

【活动流程】
　　1.教师播放音频或视频文件。内容如下。

　　（1）小刚发现这段时间以来自己的心情起伏很大，某段时间心情非常好，干什么事都很有劲儿，学习起来精力充沛，兴趣盎然；而某段时间又常常觉得心情不好，烦躁、压抑，干什么事都没劲儿，也不愿意看书学习，觉得事事不如意。他不知道自己是怎么一回事。

　　（2）小文是个平凡、文静的女孩子。这半年来，她特别希望自己也像班里有些同学一样，长两条弯弯的柳叶眉，那该多漂亮呀！瞧，她正手拿镊子对着镜子拔自己的眉毛呢，可一不小心，镊子夹伤了自己的眼睑。她丧气极了。

　　（3）不知为什么，小青渐渐地发现自己变了，变得寡言少语，不爱玩，不爱闹，常常情不自禁地沉浸于对某个女同学的遐想之中。回到家，他便走进自己的房间看书，想心事。他过去很开朗，也乐于与人交往；可现在，他常感到孤独，虽然父母、老师都很关心他，但他总不愿将自己的事讲给他们听。

　　2.分组讨论：
　　（1）他们三人的主要烦恼分别是什么？
　　（2）你也有这些烦恼吗？在小组里说给大家听听。

【注意事项】
　　这项活动的目的是引入话题，引起学生的关注和兴趣。为了消除可能的拘谨和防卫心理，特地使用了多媒体来反映学生生活中的真实心态。因此，在拍摄视频或制作音频时，要选择有典型意义的情节。同时，制作内容要保持客观，防止带有价值评判的倾向。

活动 53 他像我的好朋友吗

【活动目的】
　　帮助学生感知倾听的正确方式，了解倾听在人际交往中的重要作用。

【活动准备】
　　提前制作校园心理剧《他像我的好朋友吗》视频。

【活动流程】
　　1. 教师引言："我们先看一个校园心理剧《他像我的好朋友吗》的视频。大家在观看时，要仔细观察剧中主人公的两个好朋友，在倾听主人公讲述他的遭遇时所表现出的不同的倾听态度和倾听行为，特别要注意他们的态度、语气、眼神、动作、身体姿势，以及他们给予的相应回应。"
　　2. 播放视频，内容梗概如下。

　　一天下午，小石在课外活动中与同学打篮球，扭伤了脚，心里很懊恼。他一瘸一拐地回到班级后，看到了他的好朋友小焦，小石就对他说起自己受伤的事情，想让好朋友安慰一下自己。而小焦却一会儿转笔、抖腿，一会儿低头看书，一会儿与别的同学打招呼，总是心不在焉似的。小石对小焦的这种态度很失望。在放学回家的路上，小石遇到了小韩，小韩赶紧走过来扶他。于是小石就对小韩说起自己受伤的事情，说打球时对方前卫是如何把自己撞倒在地的，自己心里又是如何感到窝火的。小韩始终认真地倾听小石的讲述，并不时地拍拍他的肩膀，说安慰的话。

　　3. 请学生根据表格内容进行分组讨论：如果你是剧中的主人公，你更喜欢与哪个同学成为好朋友？为什么？

倾听表现	小焦	小韩
态度		
语气		
眼神		
动作		
身体姿势		

4.教师小结："通过视频，我们不难看出倾听的重要性。善于倾听，才是成熟的人最基本的素质，也是为你赢得好人缘的重要条件。"

【注意事项】

讨论前强调团体规范，防止出现调侃现象。

游戏类活动素材
——以玩促转

活动 54 扑克游戏[①]

【活动目的】

1. 通过活动，激发学生的兴趣与思考，集中学生的注意力，活跃团体气氛。

2. 通过活动后的讨论，引导学生了解根据目标灵活调整行为策略的过程。

【活动准备】

1. 根据班级人数和游戏规则，准备扑克牌。

2. 制作说明活动规则的PPT。

【活动流程】

1. 分组做扑克游戏。

（1）两人一组，每人各发五张扑克牌。

（2）出牌规则：每次两人同时出一张牌，先将牌倒扣在桌面上，然后同时翻牌。

（3）两张牌都归属点数大的那一方，放在一旁。

（4）按照这样的游戏规则出完五张牌，得到牌数最多的学生就是赢家。

（5）本游戏做两次。

2. 小组议论：想要在这个游戏中取得胜利，最关键的是什么？

教师归纳："猜测对方可能出什么牌，然后决定自己出什么牌，知己知彼，百战百胜。"

3. 教师点评："打牌时，想取得胜利，我们要根据对手的情况调整自己

[①] 本活动素材由浙江省杭州市惠兴中学段菲菲、罗国兰老师提供。

的策略。学习也是一样，我们要根据学习任务的特点来调整学习策略，从而取得学习效果，真正成为善学者。"

【注意事项】

教师要注意调控现场活动秩序，尽可能做到活而不乱。

活动 55 考考你的眼力[①]

【活动目的】

引导学生理解生活中的社会信息存在真伪、粗细、主次之分，需要仔细辨别才不会被误导。

【活动准备】

制作活动所需图片的 PPT。

【活动流程】

1. 4 人一组，每个小组发一张图片（如下图）。看图片信息，在 3 分钟内讨论出答案、算式或理由。

```
考考你的眼力 + 细心度！
答案是多少？
  鞋 + 鞋 + 鞋 = 30
  人 + 人 + 鞋 = 20
  苹果 + 苹果 + 人 = 13
  鞋 + 人 × 苹果 = ？
```

[①] 本活动素材由山东省威海市翠竹小学王菊玲老师提供。

2. 各组竞答，分享答案和理由。

3. 教师引导：

（1）你们小组被"坑"了几处？（计算过程中答案可能出现错误，如15、19、23）

（2）因为你们忽略了哪些细节？

（3）这个游戏给你的启示是什么？（人们在生活中对典型的主体信息会特别认真和在意，却容易忽视其中穿插点缀的小细节，因而产生注意偏差和对信息的有意识过滤。）

【注意事项】

1. 这是网络上流传很广的一个游戏，无论学生是否接触过这个图片信息，都会在小组内兴致勃勃地参与讨论，最后得出合理的答案。

2. 本活动适用于小学高年级心理辅导课。

活动 56 挥舞你的旗帜

【活动目的】

让学生互相认识，增强团体凝聚力。

【活动准备】

彩色美术纸、马克笔、剪刀、胶棒或透明胶带。

【活动流程】

1. 今天我们要制作属于我们自己的旗帜。你的旗帜从某种程度上来说代表你自己，你的兴趣爱好、你的性格特征等都可以成为你旗帜上的内容。另外，请一定记得把你的名字写在旗帜的正面或背面，这样我们才能知道每个旗帜是属于谁的。

2. 你有_____分钟的时间制作专属于你的旗帜，你可以向你的同桌或邻桌征求意见。

3. 轮流展示自己的旗帜并向同学解释自己的创意。

4. 展示之后，我们会把每个人制作的旗帜用绳子连起来供大家欣赏。

【注意事项】

1. 如果有的学生并不擅长做手工或是游戏时间受限，他们可以用画笔画出专属于自己的旗帜。

2. 也可以让学生各自设计自己班级的班旗。

活动 57 照镜子[①]

【活动目的】

通过照镜子活动，引导学生站在他人的角度观察自己的各种表情、动作，使学生在轻松的氛围中懂得表情语言的重要性。

【活动准备】

1. 按6人一组将全班学生分成若干组，然后组内再两两结对。

2. 为每个结对的两人小组准备一面小镜子。

【活动流程】

1. 两人一组，一人拿出小镜子，对着镜子跟着教师的口令做以下表情或动作：微笑、大哭、大笑、皱眉、大喊大叫、伸出拳头。另一人担任观察员，观察同学的表情或动作与教师的口令是否一致。

2. 照镜子的学生与观察员互换角色，跟着教师的口令再做一次。

3. 学生在6人小组内分享做游戏的感悟，然后全班分享。

4. 教师小结："从这个活动中，大家已经从他人的眼睛里观察到自己的表情语言和动作语言。人与人交往，表情语言和体态语言是非常重要的，它们会给人留下愉快的或是厌恶的，甚至是痛苦的情感体验。"

---

① 本活动素材由江苏省苏州市吴江实验小学马舒婷老师提供。

【注意事项】

此活动会引发全班学生的哄堂大笑,但只要不过分,教师不必过多设限。

活动 58 哪个是过去的他

【活动目的】

增强团体凝聚力。

【活动准备】

让学生找出若干张自己小时候的照片,一定是集体照且自己也在照片上。

【活动流程】

1. 教师给每组学生发一组照片,说:"这些都是同学小时候的照片,你们的任务是从众人中找到哪个是过去的他。"

2. 确认照片中的他在哪里后,接下来问他三个问题:

(1)那时候你最喜欢吃的零食是什么?

(2)你当时最喜欢的科目是什么?

(3)你那时最希望自己长大后从事什么职业?

【注意事项】

1. 看完照片要问的问题可以根据活动主题变换。

2. 教师可以就此向学生征求反馈意见,然后可以把话题拓展到"梦想"上来。如果学生年龄较小,可以让他们考虑一下自己的梦想,以及应该怎样做才能梦想成真;如果学生年龄较大,可以安排他们分享一下童年时的梦想。

活动 59 "设线"人生 [①]

【活动目的】

1. 引导学生体验，生活中的障碍会给自己的内心留下隐性痕迹。
2. 引导学生感悟，在前进道路上若想克服种种困难，首先要战胜自己的畏惧心理。

【活动准备】

1. 一把剪刀，一条长 3 米左右的绳子，粗细适度即可。
2. 将全班学生分组后，留出较大的活动空间。
3. 邀请两名学生做拉障碍线（绳子）的助手。

【活动流程】

1. 现场拉起一条障碍线，邀请两名学生戴上眼罩体验"盲行穿越"。第一名学生走过拉了线的路，小心地跨过线的障碍。第二名学生也走一遍，但在他开始走之前，教师已经将线剪断了。

2. 分享游戏感受：

（1）你观察到两名同学的步伐有什么特点？为什么会这样？

（2）参与游戏的学生分享自己的体会。

（3）其他观察的学生分享对这两次穿越活动的体会。

3. 教师小结："在生活中，你收到的每一条负面评价，都会在你的心里留下痕迹。它们令你或沮丧、或愤怒、或害怕，就像在你原本平坦、无所顾虑的人生道路上设置了一条条障碍线，你往前走的时候就会小心翼翼，步履维艰。就算障碍线已经被剪断了、撤走了，你依然会战战兢兢。因为我们把那些负面评价放进了自己的心里，在心里拉起了一条又一条阻碍我们自由前进的障碍线。"

[①] 本活动素材由浙江省杭州市第十中学朱思颖老师提供。

【注意事项】
此活动要求全体旁观的学生保持肃静，不可发出声音。

活动 60 采蘑菇

【活动目的】
形象地为小学生引出有关情绪的话题。

【活动准备】
1. 事先制作数十个彩色蘑菇的图片（情绪类型可以重复），贴在教室的墙上。将全班分组。
2. 音乐《采蘑菇的小姑娘》。

【活动流程】
1. 教师说明游戏规则："在每一个蘑菇上，都写着表示我们情绪的词语。如高兴、愤怒、伤心、喜悦、苦闷、激动、沮丧等。请同学们采摘符合自己这一周里情绪状态的蘑菇，然后回到自己的小组里。"
2. 学生在《采蘑菇的小姑娘》的乐曲声中采摘情绪蘑菇。
3. 分组说说：自己为什么要采这几个蘑菇？最近这一周里发生了什么事情使你有了这些情绪？

【注意事项】
1. 本活动适合小学四年级、五年级学生。
2. 小学生的情绪是经常变化的，因此，在让学生回顾自己的情绪状态时，要限定在最近一周内，以免泛泛而谈。

活动 61 击鼓传纸条[1]

【活动目的】

帮助学生了解每个人都有情绪,而且情绪与我们的生活密切相关。

【活动准备】

鼓一面,鼓槌两根。写有能引发各种情绪的纸条若干张。

【活动流程】

1. 游戏规则。

(1)教师准备若干张纸条,纸条上的内容不一,有奖励(如可获得一支笔),也有惩罚(如表演非常痛苦的表情)。

(2)教师宣布游戏开始,一名学生背对其他学生在讲台上击鼓,其他学生传纸条。击鼓学生可在任意时间(1—30秒)停止击鼓。鼓声停止时,纸条传到哪位学生手中,哪位学生就要完成纸条上写的任务。

(3)每击鼓一轮换一张纸条。

2. 游戏进行若干轮。

3. 学生分享:在游戏过程中,心情是怎样的?有变化吗?

4. 教师点拨:"同学们的心情随着游戏而变化,而且体验到了不同的感觉,有紧张、激动、沮丧、开心等。这其实就是我们平常所说的情绪。我们生活中会有各种情绪,今天这堂课,让我们一起来学习关于情绪的知识。"

【注意事项】

此活动适用于小学中、高年级情绪辅导课。

---

[1] 本活动素材由湖南省湘潭县云龙中学刘帅老师提供。

活动 62 信任之旅

【活动目的】

通过助人与受助的体验，增强对他人的信任。

【活动准备】

扑克、蒙眼布、音乐《我心永恒》。教师事先选好"盲行"路线，设置比较多的阻碍，如上楼、下楼、拐弯、下坡等。

【活动流程】

1. 将学生用扑克牌分为 A、B 两组，A 组为"盲人"，B 组为"拐棍"。

2. 让"盲人"先蒙上眼睛，原地转三圈，使其失去方向感。之后"拐棍"任选一位"盲人"，在教师的带领下，按选定的路线，绕到室外，穿越障碍，回到原地。

3. 活动期间不能讲话，不能出声，"拐棍"想办法帮助"盲人"。活动结束后坐下交流，谈受助和助人的感受。

4. 之后，互换角色，再来一遍。

5. 可供参考的讨论题：作为"盲人"，你看不见后有什么感觉？你想起了什么？对你伙伴的帮助你是否满意，为什么？你对自己和别人有什么新发现？作为助人者，你怎样理解你的伙伴？你是怎样想方设法帮助他的？这使你领悟到了什么？

【注意事项】

不应使用尖锐物体做道具，以确保安全。

活动 63 抢凳子

【活动目的】

通过做游戏使学生体验自己情绪的变化，为下一步的情绪辅导奠定基础。

【活动准备】

音乐。方凳 15 张。红色和蓝色的标志各 8 个。

【活动流程】

1. 教师说明游戏规则："全班选出 16 人，分为两组，每组 8 人，一组为红队，另一组为蓝队（各佩戴红色、蓝色标志），交错站立，围成一个圈。圈中放 15 张凳子。在音乐声中参赛者绕着凳子走动，音乐停时，立即抢凳子坐下，未抢到凳子者被淘汰，同时撤去一个凳子。然后依次重复进行，最后抢到凳子的小队获胜。"大家对规则无异议之后即开始活动。

2. 游戏结束后，教师宣布比赛结果，并请一位学生扮演小记者，采访参赛者——

（1）当你被推选为参赛者时，你的心情怎样？

（2）在游戏过程中，你的心情怎样？

（3）在游戏结束时，你的心情怎样？

（4）当你所在的小队取得胜利（或遭遇失败）时，你又有什么感受？

采访旁观者——

（1）在观看游戏的过程中，你的心情是怎样的？

（2）面对比赛结果，你又有什么感受？

3. 教师小结："刚才，同学们在游戏中表现得很好。从游戏中我们知道了一个人的情绪是多变的，有时失望，有时高兴，有时生气，有时喜悦。"

【注意事项】

教师要保证游戏过程既活跃，又比较有序。

活动 64 情感大抽奖

【活动目的】

引发异性交往话题。

【活动准备】

事先制作数十条情感彩条。

例如：

（1）喜欢武打片、动作片。

（2）喜欢看爱情小说，容易被故事情节感染。

（3）羡慕别人的成功。

（4）对别人的称赞表面上不在乎。

（5）喜欢时装。

（6）表达情感较委婉、含蓄，爱掩饰自己。

（7）表达情感直截了当。

（8）容易自卑。

（9）喜欢超现实的幻想。

（10）喜欢几个好朋友一起勾肩搭背。

（11）交朋友比较注重心理上的相互理解。

（12）具有正义感。

将这些内容写在不同颜色的纸上，装入一只纸盒内。将盒子封好，顶端开一小洞，可容一只手伸入。

【活动流程】

1. 教师引言："这个盒子中装有许多反映男生、女生不同性别特点，特别是不同情感表现方式的彩条。下面我们让几位同学上来抽取。每人每次抽一条，并说说这条情感彩条送给男生还是女生合适。你说送给男生，如果大部分男生都鼓掌的话，说明你送对了。注意：送给男生的，由男生鼓掌；送给女生的，由女生鼓掌。"

2. 教师在黑板两端分别贴上男生、女生的卡通头像。抽取者每抽一条，就把它贴在相应的男生、女生卡通头像下面，再做说明。

【注意事项】

彩条的内容应该符合男生、女生的性别特点。

活动 65　自我比拟

【活动目的】

　　促进学生认识自我，帮助学生相互了解。

【活动准备】

　　1. 一面鼓，七朵红绸花。
　　2. 事先选定一名学生为击鼓者。

【活动流程】

　　1. 每个学生用一样东西（动物、植物、矿物或自然现象）来比拟自己。要求：

　　（1）用"我好像_____，因为_____"这样的句式，每人至少要想出三个比拟句。

　　（2）比拟的事物能代表自己个性中的某一方面或几个方面。例如，牛——健壮、吃苦耐劳；小草——平凡、自由自在；响雷——声音洪亮、脾气暴躁……

　　（3）比拟的内容应该是积极的。

　　2. 全班分为 8 人小组，每组围坐成一圈。以击鼓传花的方式决定发言者。如果比拟恰当，全组同学相互击掌，高喊"嗨！""嗨嗨！"然后继续击鼓传花。

【注意事项】

　　应事先创设良好的团体氛围，防止出现调侃、搞笑等现象。

活动 66　多彩图

【活动目的】

　　学生交流兴趣爱好，提出培养兴趣的话题。

【活动准备】

　　1. 100朵七色小花（多则更好）。

　　2."多彩图"，样式如下。

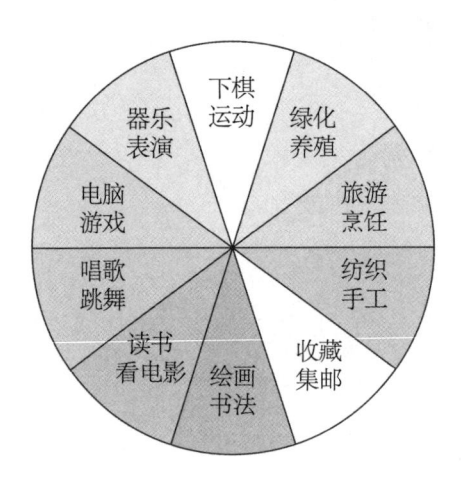

（多彩图：下棋运动、绿化养殖、旅游烹饪、纺织手工、收藏集邮、绘画书法、读书看电影、唱歌跳舞、电脑游戏、器乐表演）

【活动流程】

　　1. 教师引言："同学们一定都有自己的兴趣爱好，请你来告诉大家，好吗？"（出示"多彩图"）要求："全班同学交流，分组上台完成多彩图。每人用七色小花贴在自己喜爱的项目上。如果图中没有，可以自己补充。"

　　2. 每人用一句话来介绍自己的爱好。如"我喜欢集邮，现在已经收集四百多张了。从这小小的邮票中我了解了世界"。

　　3. 教师小结："从这幅多彩图中可以看出同学们多才多艺、爱好广泛。老师觉得你们都很棒。"

【注意事项】

　　完成多彩图时，要注意做好组织工作，同时可以播放节奏欢快的音乐。

第三章

团体工作阶段活动素材

在心理辅导课进入团体工作阶段时，辅导教师的主要任务是进一步激活团体动力，提高团体内部的凝聚力，以分组讨论或全班讨论为主要策略，针对具体问题为每个学生提供多重回馈。这时，学生会发现团体内每个人的观点有同有异，也会发现看问题的角度各不相同，处理问题的策略千差万别。当然，每个学生更会因为受到他人观点的启发而产生自己新的想法，也会从他人身上看到自己改变认知和行为方式可供借鉴的榜样。可见，这一阶段活动素材的选择应注意问题解决的方向、方式与方法。这些活动大体上可分成情感体验类活动、认知调整类活动和行为训练类活动三大类。

情感体验类活动素材
——以感促悟

活动 67 我真的很不错

【活动目的】

1. 通过自我暗示性的动作与口号，帮助学生增强自信心。
2. 引导学生通过相互鼓励，增强团体凝聚力。

【活动准备】

1. 将全班学生分成若干4人小组。
2. 教师在课前先找两名学生练习有关动作，以便在活动前为全班学生做示范。

【活动流程】

1. 全班学生一起做以下动作：先用右手拍一下自己的左肩，再拍一下右肩，然后右手竖起大拇指，将右臂从胸口用力向前伸出，拇指朝上。在做这几个动作的同时，要声音洪亮、充满自信地依次喊出："我—真的—很不错！"

2. 然后按照下面的口号、节奏多次交换拍肩，直至最后一个字"错"说出口时，说："我—真的—真的—很—不—错！""我真的—真的—真的很不错！"

3. 换左手做以上同样的动作，最后双手齐做。

4. 小组内学生两两一起做以下动作：右手攥拳竖起大拇指，先把大拇指放在自己胸前，然后把大拇指指向小组中的任意同学，最后和对方握手。在做每一个动作的同时，同样要声音洪亮、充满自信地依次喊出："我—真的—很不错！你—真的—很不错！我们—真的—真的—真的—很—不—错！"

5. 小组分享：

（1）当你在小组成员面前声音洪亮、充满自信地喊出"我真的很不错"时，你内心的感觉是怎样的？能够联想到的画面是什么？

（2）当你的同学当着大家的面对你说"你真的很不错"时，你内心有什么感觉？能够联想到什么？

【注意事项】

活动容易出现喊口号的节奏不整齐的情况，因此教师可以在说明游戏规则后，让全班跟着示范的学生一起练习几遍"我真的很不错"这一口号的不同喊法。

活动 68 《24小时马拉松》[①]

【活动目的】

1. 帮助学生感悟目标是灵活可变的，自我定位也会随着人对自我能力和客观环境的进一步了解而做出改变。

2. 通过讨论，帮助学生明确"重新定位自我"和"正确定位自我"的重要性。

3. 引导学生探究突破极限、超越自我需要具备的人格特质。

【活动准备】

根据一场国际24小时超级马拉松赛中的一个真实故事拍摄的视频《24小时马拉松》。

【活动流程】

1. 观看视频片段A（视频情节的进展由教师选定，下同）。

（1）播放视频片段A：在一场世界级的24小时马拉松比赛中，毫不起

---

① 本活动素材由浙江省杭州市富阳区第二中学陈鸽老师提供。

眼的选手林义杰，在面对世界顶级选手时，从最初希望跑完全程，到后来不想输给外国人，再到进一步想要拿下冠军，不断地调整目标，向着目标努力前进。

（2）教师提问："林义杰最初的目标是什么？"

（3）教师追问："看到其他选手纷纷退出时，林义杰是怎么想的？"

（4）教师还可追问："他从最初希望跑完全程，到后来超过扎巴洛夫向着冠军前进，大家觉得这样的改变发生的原因是什么？"

（5）教师可做以下引导："是的，在向终点冲刺的道路上，制定合适的目标，并且能在不同阶段灵活地调整目标是尤为关键的！"

2. 观看视频片段 B。

（1）播放视频片段 B：随着比赛的进行，林义杰的体力消耗越来越大。他感到筋疲力尽，已到达自己的极限，也想到了退出，可是，最终他咬牙坚持了下来。

（2）教师提问："林义杰为什么会重新激发斗志，咬牙坚持？"

（3）教师可做以下引导："的确，咬牙坚持让人钦佩，前功尽弃让人惋惜。很多时候，成功离你只有一步之遥。所以，应努力将别人坚持不下去的事情坚持做下去。坚持就是胜利！"

3. 观看视频片段 C。

（1）播放视频片段 C：精疲力竭的林义杰看到对手胡颖儿停了下来。在短暂停顿后，林义杰做出了一个出人意料的决定——返回去拉着胡颖儿一起跑。最终，两人携手跑过了终点线。林义杰也以 220 公里的路程夺得了 24 小时马拉松比赛的冠军。

（2）教师提问："林义杰为什么做出这么出人意料的举动？"

（3）教师可做以下引导："林义杰的举动出人意料却让我们钦佩。有时候一个人可以走得更快，但一群人往往可以走得更远。"

【注意事项】

此视频内容极为感人，会充分引发学生思考。教师在组织分享时应根据学生讨论的深度适当调控时间，不可仓促走过场。

活动 69　各行其是

【活动目的】

引导学生亲身体验单向交流和双向交流两种交流方式的利弊，引发他们思考如何有效地利用这两种人际交流方式。

【活动准备】

全班学生每人两张 8 开白纸。

【活动流程】

1. 教师发给每位学生一张 8 开的白纸，然后，发出单向指令："请大家闭上眼睛，全程不许睁开，也不许发问。先将纸对折—再对折—再对折—把左上角撕下来—将纸旋转 180 度—再把右下角撕下来—睁开眼睛—把纸打开。"

2. 小组交流：

（1）你们发现了什么？（学生会发现，他们撕出来的纸的形状五花八门。）

（2）为什么形状会这样千差万别？

3. 请一位学生上台。教师重复上述指令，只是这位学生可以提问。

4. 教师再发给每人一张 8 开白纸，全班学生重复做上述游戏，同样允许学生向教师发问，但是不能睁开眼睛。

5. 为什么允许双向交流后还存在误差？你从中得到什么启示？

【注意事项】

活动过程中必须强调闭眼，必要时可给学生每人发一个简易眼罩。

活动 70 穿越雷区

【活动目的】

使学生在亲身体验中懂得互相信任、互相协作的重要性，以增强团队的合作意识。

【活动准备】

纸杯若干，眼罩若干。教室里的课桌要撤到外面。

【活动流程】

1. 将全班学生分成6—8人的小组。

2. 用纸杯在游戏区内设置障碍，在游戏场地的中间设置一个用三个杯子垒成的杯塔（底部的杯子正放，中间的杯子倒放，顶部的杯子盛水放在中间的杯子上）。

3. 每组选出一个指挥员站在"雷区"的一面，他的任务就是指导其他被蒙上眼睛的组员跨过雷区。

4. 每次只能有一个人通过雷区，碰到杯塔者为"阵亡"，退出游戏。通过雷区人数最多的小组获胜。

5. 通过雷区的组员可以摘下眼罩，在一旁指导，但尚未参加游戏的组员的眼罩不能摘下。

6. 讨论：

（1）你们在做游戏的过程中，指挥员是如何同蒙眼睛的组员进行交流的？有什么办法可以改进你们的沟通呢？

（2）在现实生活中，班干部与普通同学在完成某项任务的过程中，是否也有沟通不畅、协调不佳的现象？请举例说明，并讨论解决办法。

【注意事项】

在游戏过程中要做好组织工作，防止出现无序现象。

活动 71 分享时刻

【活动目的】
　　引导学生向他人讲出赞美词。

【活动准备】
　　明确团体规范。

【活动流程】
　　1. 教师说明游戏规则，强调每个人都渴望他人的认同和赞扬。
　　2. 两人一组，让每位学生都给他的搭档在以下几方面做出评价。
　　（1）长相方面特别漂亮的地方。
　　（2）一个或两个特别令人欣赏的性格特征。
　　（3）一个或两个特别的才能。
　　3. 每位被赞扬的学生都要仔细地记录下自己的感受、想法和反应。
　　4. 分享：
　　（1）对我们大多数人来说，为什么给予他人赞扬是困难的？
　　（2）为什么人们总是会很快给出负面评价，而正面赞扬却少之又少？
　　（3）今天听了同学由衷赞美你的话，你有何感受？

【注意事项】
　　事先要有良好的团体氛围，赞扬必须是真诚而实事求是的，防止出现调侃现象。

活动 72 啄木鸟行动

【活动目的】
　　增强团体凝聚力，体验合作共赢。

【活动准备】

每人一根长 20 厘米左右的塑料吸管，每组橡皮筋若干根。

【活动流程】

1. 将全班学生分为 10 人一组，5 人对 5 人，相距 20 米迎面接力传递虫子（橡皮筋）。在传递过程中只能用嘴衔着吸管传递，不能用手，如有组员犯规，将对全组进行惩罚。

2. 每个组员把双手放在背后，扮成啄木鸟，口衔着吸管传递虫子。

3. 正式开始之前，每组有 5 分钟的时间，组员共同商量传递策略。

4. 教师发给每个组员一根吸管，组员按照规定站到起点和终点的两侧，比赛正式开始。

5. 从起点的第一个组员开始，用嘴衔住吸管勾住虫子，将虫子运送到终点。站在终点的组员要用衔在口中的吸管将虫子勾过来，然后运送给起点的下一个组员。在整个传递和运送的过程中都不得用手，否则视为犯规，给予惩罚。最后按完成任务花费的时间排名次。

6. 讨论分享：在这个活动中你有何感悟？

【注意事项】

讲清团体规范，并安排小监督员负责落实游戏规则。

活动 73 了解父母

【活动目的】

加深对自己父母的了解，体验父母的养育之恩。

【活动准备】

背景音乐《爸妈》。每个同学一份《我所了解的父母》问卷。

【活动流程】

1. 给 5 分钟让学生填写问卷。（播放背景音乐《爸妈》）

爸爸的生日	妈妈的生日
爸爸最喜欢吃的食品	妈妈最喜欢吃的食品
爸爸所穿鞋子的尺码	妈妈所穿鞋子的尺码
爸爸的兴趣爱好	妈妈的兴趣爱好
爸爸年轻时的理想	妈妈年轻时的理想
爸爸最得意的一件事	妈妈最得意的一件事
爸爸最后悔的一件事	妈妈最后悔的一件事
爸爸最大的优点	妈妈最大的优点
爸爸对我的期望	妈妈对我的期望

2. 填完后，让学生分享。

【注意事项】

1. 如果有条件的话，最好找几个学生家长亲临现场，和自己的子女互动，效果可能会更好一些。

2. 在活动分享的时候，一定要向学生说明要真诚、认真。有的学生不知道自己父母的生日，又害怕同桌或周围的同学看不起自己，就随便填一个。对于其他问题，如果个别学生觉得是自己家的隐私问题，不愿意回答，此时教师就不要强求。

活动 74 白纸上的污点

【活动目的】

通过处理白纸上的污点，引导学生领悟并接纳自己的不完美，正确对待个人的缺点和不足。

【活动准备】

1. 每人半张 A4 纸，中间有一块黑色污点，每张白纸上的污点大小和形状各不相同。

2. 每组一只小筐，筐里装有小剪刀、美工刀、胶水瓶、彩纸、白纸、各种颜色的马克笔若干支。

【活动流程】

1. 请大家根据自己的理解，发挥想象力，使用不同方法处理这张带有污点的白纸，看看哪个小组方法多。

2. 在组内推选出最佳处理方案，把处理后的白纸贴到黑板上。

3. 小组讨论：

（1）看到白纸上有污点，你的感觉是什么？

（2）你觉得哪种处理污点的方法最好？为什么？

4. 全班分享，教师随机板书：

抠掉	
涂掉	改善
折起	
雕刻、绘画	美化
不处理	原样
撕掉、揉皱、扔掉	毁灭

5. 教师小结："我们发现抠掉、涂掉、折起这三种方法，虽然没有完全消除污点的影响，但远远地看，也改善了很多；而雕刻、绘画，则使白纸大大美化，使白纸的意义变得更丰富了；那种不处理，保持原样的处理方法，则是忽略了污点；而撕掉、揉皱、扔掉，则是彻底毁灭法，显然是不可取的。总之，今天大家想出了种种方法来冲破污点的束缚，不再追求绝对的完美。"

【注意事项】

教师要注意激活学生的思维，充分发挥学生的智慧，并提炼出富有启迪意义的人生哲理。

活动 75 创意搭塔

【活动目的】

发挥团队合作精神，拓展创造思维。

【活动准备】

彩色复印纸，色彩尽量丰富，A4、B5 纸均可，平均每组 20 张。每组一把剪刀，一卷透明胶带。准备背景音乐。

【活动流程】

1. 派发每组 20 张彩纸，一把剪刀，一卷透明胶带。

2. 小组成员共同完成一个作品，中间不能说话，只能通过非语言进行沟通与交流。

3. 活动开始前，每组有 5 分钟的交流时间。在这 5 分钟内，组员商讨如何搭塔，赋予塔怎样的含义。活动一旦开始就停止说话，教室里只有轻柔的背景音乐声。

4. 正式搭塔时间是 10—15 分钟，完成的小组思考自己的作品，并给作品起名字，耐心等待他人完成搭塔过程，不议论，不参谋，不干扰。

5. 讨论分享：

（1）各组派一名组员介绍小组作品的创意、特色和骄人之处。特别要介绍小组是如何完成作品的，集体完成还是一人承担？想法一致还是各说各的？作品与最初的设想一致吗？一致是如何实现的？不一致是怎么导致的？小组有什么优势？有什么问题？

（2）各组代表发言，本组组员可以补充。鼓励其他组组员提问、反馈、发表看法。营造积极反馈、大胆表态、相互尊重、相互学习的群体氛围。

【注意事项】

强调合作学习，防止对他组作品进行否定甚至嘲笑。活动时间 20 分钟。

活动 76 同心协力

【活动目的】

培养学生互助合作的精神与乐于助人的品性，感受合作的快乐，增强对团体和他人的信任。

【活动准备】

建立团体规范，游戏规则要交代仔细。

【活动流程】

1. 将全班学生分成若干小组。
2. 教师可选择下列方式让学生体验彼此的信任与合作：
（1）让一个学生被大家高举或推转。
（2）让一个学生扮盲人走路，让一个学生扮跛脚的人在"盲人"背上指挥。
（3）合作性的游戏或竞赛，例如，搭桥、三足赛跑等。
3. 讨论刚才的经验与感受。

【注意事项】

教师要做好组织工作，注意调控现场，时间安排视活动需要而定。

活动 77 巨龙翻身

【活动目的】

培养良好的团队合作意识和能力，感受团队活动的快乐。

【活动准备】

室内或户外宽敞的空地。秒表。先分组。

【活动流程】

1. 小组队员手牵手站成一列横队，把手抬起，拉开一定距离，每两人间形成一定孔隙。

2. 当教师说"开始"时，最左端的队员当龙头，带领大家依次从每个孔隙穿过，最后恢复成一列横队。

3. 第二次可以换最右端的队员担任龙头，从右往左穿过孔隙。

4. 如果过程中有队员的手松开了，必须重新连上后才能继续；每松开 1 次，计时要加算 1 秒。

5. 讨论：在游戏过程中你的心情如何？当有队友动作比较慢时，大家是用什么态度对待他的？

【注意事项】

游戏过程中手不要断开，但可以灵活转动，以免扭伤；要注意鼓励速度较慢的小组，提醒大家遵守规则。

活动 78 叠棋子

【活动目的】

探索个人与团体的成就动机及决定目标的过程，体验失败与成功。

【活动准备】

将全班学生分成 4 人小组，各选一名组长。每小组准备两盒象棋，棋子大小适中。

【活动流程】

1. 各小组将所有棋子放在桌上，让每个成员猜他们自己能叠起几个棋子而不会倒下来。

2. 然后让每个学生轮流叠棋子，自己在心里计算实际叠的数目和先前预计的差距有多少。

3. 组长接着要组员把棋子推倒，然后宣布再来一次。不过，这一次要组员大声说出他自己预计的数目并且记在纸上，谁预计堆得最高而且成功的话，谁就是本组的优胜者。如果有成绩相同的要再比一次。

4. 各组优胜者在全班进行决赛。

5. 比赛结果揭晓后，颁发奖品。

6. 小组讨论：

（1）你觉得自己刚才制定的目标与你的实际水平相符吗？

（2）你的目标达成或者未达成时，你的感受是怎样的？

（3）从游戏中你得到什么启示？

【注意事项】

每组准备两盒棋子是为了提高难度，增加游戏的挑战性。

活动 79 不倒翁

【活动目的】

帮助学生体会信任的建立取决于自己对团队成员的信心，相互之间的沟通是建立这种信任的基础。一旦信任完全建立，你就会感觉到团队的气氛是那么轻松、愉快。

【活动准备】

最好在空间较大的专用教室里开展此活动。

【活动流程】

1. 让每组学生围成一个圆圈，一名学生站在中间。

2. 站在中间的学生双手绕在胸前，说出以下内容：

站在中间的学生：我叫……（自己的名字）。我准备好了，你们准备好了没有？

全体组员：准备好了！

站在中间的学生：我倒了！

全体组员：倒吧！

3.这时，站在中间的学生将整个身体完全倒在团队成员的手中，团队成员把他顺时针推动两圈。

4.活动分享：

（1）当你听到同学喊"准备好了！""倒吧！"的时候，内心有一种什么感受？

（2）当站在中间的学生倒下来的时候，旁边学生的心里有什么感受？

【注意事项】

注意确保安全。此活动适合小学高年级以上学生。

活动 80 我的心灵朋友圈[①]

【活动目的】

1.挖掘自己的人际支持资源，降低个人在生活中的无助感。

2.激发学生被爱、被支持的积极情绪，以及求助意愿。

【活动准备】

1.PPT。音乐《春暖花开》。每人一份"我的心灵朋友圈"卡纸。

2.课前分组（6人一组，事先放置好装有6份"我的心灵朋友圈"卡纸的信封）。

【活动流程】

1.请组长拿出信封里的"我的心灵朋友圈"卡纸（如下页图），发给每一个组员。

---

① 本活动素材由浙江省宁波市兴宁中学孙少英老师提供。

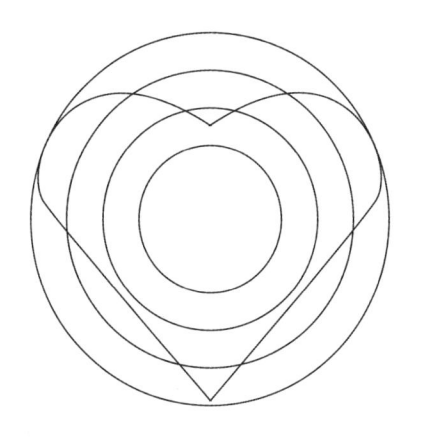

2. 教师导语:"请大家拿起笔,在内圈第一个同心圆里一笔一画地写下你的名字,这个名字代表全部的你,代表你的过去、现在和未来。这个名字是你心灵世界最重要的支撑!请你好好地感受一下这个自己。它涌动着生命的力量,陪你穿过风雨,勇敢前行……接下来,在另外三个同心圆里,请标记出其他给予你支持的人,请尽可能地用代号表示。每一圈不得多于5个人,离你越近代表关系越亲近。请好好地感受一下,在写下每一个代号时,你的身体感觉、内心感觉是怎样的,又想到了什么?写完后,可以和身边的同学分享一下。"

学生填写卡纸。

3. 小组内讨论、分享:

(1)这些人都是谁?

(2)这些人都写在了哪里?

(3)想到这些人,你有什么样的感觉?

(4)他们为什么愿意支持你?

(5)在印象最深刻的场景中,你做了什么获得了他们足够有效的帮助?

4. 学生代表分享,教师穿插点拨:

(1)对第1到第3个问题,要引导学生发现,对大多数人来说,亲人、朋友都是最重要的存在;但是,很多并不熟悉的人,甚至陌生人也会给予我们支持。我们都不是孤单存在的个体,每个人都拥有爱,都值得被爱。

(2)对第4个问题,可引导学生认识到,不管助人者因为爱、责任,还是利他的本能、害怕拒绝他人的尴尬等，别人提供帮助的可能性都比我们预估的要高。

（3）重点讨论第 5 个问题，要让学生认识到，要想获得有效的帮助，首先，要懂得求助；其次，要明确求助哪些更可能帮助自己的人；最后，最好明确自己所需要帮助的具体内容。

【注意事项】

1. 要营造一种氛围，引导学生进入自己的心灵世界，感受自己的朋友圈所给予自己的关爱。

2. 如果前面的铺垫工作做得不够，就可能出现调侃现象，必须有所防范。

活动 81 插秧接力赛

【活动目的】

提高身体的活动能力，学会互相学习和鼓励，培养竞争意识，感受集体活动的快乐。

【活动准备】

最好在户外的空地上进行。准备空矿泉水瓶数十个，筷子数十根，并将全班学生分成若干小组。

【活动流程】

1. 根据参赛编组确定若干跑道，在距离 20 米的起点和终点之间每个跑道上均匀地摆上 5 个空矿泉水瓶。

2. 每位参赛队员手拿 5 根筷子，从起点跑向终点，在经过每个空矿泉水瓶时都要往里面插上一根筷子。跑到终点后立即返回，并把矿泉水瓶里的筷子一根一根拔出，到起点后交给下一位队员。

3. 赛后在组内分享自己的体会：

（1）当你不小心把矿泉水瓶弄倒的时候，心情是怎样的？

（2）你的队友对你的失误做出了怎样的反应？你想对他们说些什么？

【注意事项】

讲清比赛规则，防止出现争执。

活动 82 传球

【活动目的】

体会合作精神与创造精神。

【活动准备】

最好在空间较大的专用教室里开展。

【活动流程】

1. 将全班学生分成4—5个小组，全班围成一个大圆圈，一个组的成员必须在一起。

2. 然后将一个小球交给第一组第一名队员，要求小球必须传给每一个人，不能落地，并规定在30秒的时间内传完5圈。

3. 规定时间到了，若没有传完5圈，则小球在哪组队员手中，该组全体就受罚（做俯卧撑等）。

4. 游戏进行第二轮、第三轮，直至有人想出办法传完5圈为止。

5. 分享：你有什么感悟？

【注意事项】

1. 开始后，第一轮时学生发现要在这么短的时间传完5圈是不可能的，于是在第二轮中，有的小组可能会故意放慢节奏"坑"其他小组。这时候，教师要加以引导，让他们发现，坑其他小组并不可取，因为这是随机的。唯一能做的，就是共同努力创造纪录。如此，最终才会有人想到，大家把手伸出形成平面，让球在上面滚过去。

2. 有的学生可能因受罚而产生情绪，认为不公平。所以，每轮应该从不同的起点开始,并在开始前打好预防针。

活动 83 我错了

【活动目的】
　　使学生认识到"勇于认错"对团队合作是非常有意义的。

【活动准备】
　　最好在空间较大的专用教室里开展。

【活动流程】
　　1.将全班学生分成两组,甲组在撤去课桌的教室中间围成一圈参与游戏,乙组坐在四周观察游戏。
　　2.游戏组应注意:教师喊"一"时,全体举起左手;喊"二"时,举起右手;喊"三"时,抬起左脚;喊"四"时,抬起右脚;喊"五"时,全体不动。
　　3.当有人出错时,出错的人要走出来站到大家面前先鞠一躬,举起右手高声说:"对不起,我错了!"
　　4.游戏重新开始,一段时间后,甲乙两组互换角色。如此循环,适可而止。
　　5.分享:
　　(1)当你站在中间向大家说"对不起,我错了"的时候,内心有何感受?
　　(2)从这个游戏中,你得到什么启发?

【注意事项】
　　1.有的学生可能会拒绝说"对不起,我错了",此时教师不要勉强,只需略加正面引导即可。
　　2.不主张让出错的学生单腿跪下说"对不起,我错了",采用鞠躬的形式比较容易被学生接受。

活动 84 夹玻璃弹子

【活动目的】

学习合作技巧。

【活动准备】

5人一组，每人一双筷子。每组有玻璃弹子若干，装入一个小盆里。每组再发一个纸杯。如果玻璃弹子数量不多，可分出一部分学生充当观察员，监督有无违规者。准备快节奏音乐。

【活动流程】

1. 教师引言："咱们来做个夹玻璃弹子的游戏。看了这种场面，你肯定猜到了这个游戏是一次比赛。"随后说明游戏规则。

（1）要求将盆里的玻璃弹子用筷子夹到纸杯里去，哪一组快，夹的弹子多，哪一组取胜。如果动手去拿，就是犯规，取消该组参赛资格。

（2）每组5个人，每人一双筷子，必须人人动手参与，若有人没有参与，该小组就被取消比赛资格。

2. 在音乐声中，游戏开始，教师观察学生合作的情况。

3. 时间一到（1分钟），活动结束。教师请观察员评价，看哪个组夹的玻璃弹子多。然后请参加者谈感受。（教师肯定他们的评价意见，重在谈体验，强调人人参与不等于争先恐后，互不配合。）

【注意事项】

此活动适合在小学中、高年级实施。

活动 85 夹气球

【活动目的】

体验异性交往应把握的度。

【活动准备】

气球4只。

【活动流程】

1. 教师宣布游戏规则：

（1）男生、女生各一名成为一组，背对背夹住气球，不准用手。

（2）两人侧身背靠背向前行进，不许一前一后。

（3）手碰一次或落球一次或一前一后均为犯规，必须回到起点重新开始。

（4）先到终点、气球不落地、不犯规者获胜。

2. 学生开展游戏。

3. 分享：从这个游戏中你感悟到什么？

4. 教师小结："男生、女生交往的距离应该有一个度，太近了，可能出现'爆炸性事件'；太远了，气球落地，彼此也没有了对异性的感觉。"

【注意事项】

如果教室内场地较小，比赛路线可设置为两三个来回，以增加游戏难度。

活动 86 解开千千结

【活动目的】

1. 引导学生感悟到，不管事情多么复杂，总有解决的办法。

2. 使学生体会到，当一个环节出现问题时，可以从全局角度出发去解决。

【活动准备】

音乐。最好在空间较大的专用教室里，或户外场地上开展。

【活动流程】

1. 每组 8—16 人，让每个小组围成一圈。

2. 请学生按教师的指示做：看清左手和右手边上的人是谁，确认之后松手，在音乐声中自由走动。当教师叫"停"时，原地不动，伸手去拉住你原来左右手两边的伙伴，从而形成许多交互错杂的"手结"。

3. 现在要求不能松手，但可以钻、跨、绕、转。请大家想想办法，如何回复到起始状态。

4. 变式：左右手交叉放在胸前，握住身边两个人的左右手。在不松手的情况下，把这张人网张开，成为一个只见手拉手的圆。

5. 相关讨论：

（1）在开始时，你们是否觉得思路混乱？

（2）当解开一点后，你们的想法是否改变？

（3）在这个过程中你们学到了什么？

【注意事项】

要强调不允许松手，否则算犯规。

活动 87 滚雪球

【活动目的】

培养良好的团队合作意识和能力，培养坚持到底的精神，感受集体活动的快乐。

【活动准备】

20 米长的空地，大呼啦圈若干个，标志杆若干根，秒表。先分组。

【活动流程】

1. 5 人一组排成纵队，先由第一位队员套着呼啦圈往前跑，绕过终点处的标志杆后回到起点。

2. 第二位队员钻进呼啦圈后，与第一位队员一起握住呼啦圈往前跑，同样绕过终点处的标志杆后回到起点。

3. 按相同的方式，一直到 5 人一起绕过终点处的标志杆后跑回起点，任务结束。比一比哪组配合得最好，速度最快。

4. 讨论：

（1）你们小组是如何分配人员的，为什么这样分配？奔跑中要怎样配合？

（2）当你们小组落后于其他小组时，大家的情绪有没有受到影响？你从游戏中明白了什么道理？

【注意事项】

1. 各组可以安排一定的时间进行讨论与练习。

2. 奔跑中不要拉扯呼啦圈，以免呼啦圈断掉。

3. 如果要减轻竞争的压力，更多地体验成功的快乐，也可以把规则改为在规定的时间内完成任务即算成功。

活动 88 模特表演队

【活动目的】

1. 促进成员间的合作，感受个人在团队合作中发挥的作用。

2. 发挥学生的创造精神。

【活动准备】

报纸若干，剪刀、胶带，每组一套。活动开始前选出评委 3—5 人。

【活动流程】

1. 每组 4 人，进行分工：3 名设计师、1 名模特。

2. 设计师们在规定的时间内以报纸为材料，为模特设计并制作全套服饰。

3. 各组模特参加时装表演，由评委进行评比。评判标准主要是：新颖性、观赏性、可行性、搞笑性。评判应公平、公正，各评委公开打分。

4. 相关讨论：你们是怎样处理小组内的意见分歧的？

【注意事项】

受课时的限制，活动总时间不能超过20分钟。这一点与小组团体辅导实施同类活动是不一样的。

活动 89 你追我赶

【活动目的】

体会合作精神与团队精神。

【活动准备】

最好在空间较大的专用教室里开展。

【活动流程】

1. 全班分成6人小组，发给每组7张报纸，每人脚下踩一张，每个小组最后一个人手里再拿一张。

2. 6人排成纵队站好，在教师发出口令"开始"后，最后一个人把手里的报纸马上传给第五个人，第五个人马上传给第四个人，一直传到第一个人。

3. 第一个人拿到报纸后，立刻放在前方自己的脚能跨到的地方，然后踩上去；第二个人则赶快站到第一个人刚刚空出的纸上；其余人依次进行。

4. 第六个人站好后，立刻拿起他身后地上的报纸传给前面的人，并重复上述活动，看哪个组最先到达终点。

5. 游戏结束后，分组讨论：几个人怎样才能共同做好一件事？然后全班交流。

【注意事项】

1. 传报纸时不可以跳过任何一个人；脚不可以踩到报纸的外面；不可以跳，只能跨。

2. 如果场地不够，可分出一半学生做啦啦队队员。

活动 90 人椅

【活动目的】

感悟团队成员彼此协调的重要性。

【活动准备】

最好在空间较大的专用教室里开展。

【活动流程】

1. 将全班学生分成男生、女生两大组，轮流在教室中央参与游戏。

2. 每组学生围成一圈，每位学生将双手放在前面一位学生的双肩上。然后听从教师的指令，缓缓地坐在身后学生的大腿上。

3. 坐下后，教师再给出指令，让学生叫出相应的口号。例如："齐心协力，勇往直前！"

4. 男生、女生以小组竞赛的形式进行，看看哪个小组可以坚持最长时间。

5. 讨论分享：你们从这个游戏中感受到哪些可贵的东西？

【注意事项】

1. 坐在别人腿上和被别人坐腿上都不好受，需要彼此容忍与配合，还要有一个明确、坚定的目标——比别的组坚持时间长。

2. 教师要在旁给学生以鼓励。比如，告诉他们已经坚持了多长时间。

3. 同组学生之间的沟通是很重要的。如果他们能互相鼓励，以及随时让队友知道自己的状况将有利于任务的完成。由此可以让学生体会同伴的重要性，也能增进他们互相了解。

活动 91 夹球跳

【活动目的】

培养良好的团队合作意识和能力，提高身体的活动能力，感受集体活动的快乐。

【活动准备】

户外宽敞的平地，足球若干个，秒表。先分组。

【活动流程】

1. 每组分成两队，相隔20米面对面站好。每次派出一名队员，用大腿内侧夹着球，跳到对面把球交给下一位队友。队友以接力的方式继续跳，直到所有队员完成任务。

2. 如果足球掉落了，必须迅速捡起来夹回原处，从落球点继续进行，以全组所用时间的多少评比名次。

3. 讨论：当小组队员出现落后或失误时，你是怎么想的？怎么做的？

【注意事项】

做好安全保护工作，比赛前进行一定的练习与配合，以免摔倒。

活动 92 逃生游戏

【活动目的】

感悟在紧急情况下的冷静、有序与服从指挥是多么重要。

【活动准备】

长颈玻璃瓶一个，略小于瓶口的瓶塞7个，80厘米长的塑料绳7根。

【活动流程】

1. 全班分成3—4组进行活动，每组选7人为实验者，其余为观察者和记录者。

2. 游戏开始：

（1）用 7 根塑料绳分别穿过 7 个瓶塞的中心处，并将绳固定在瓶塞上。

（2）将 7 个瓶塞一起置于玻璃瓶中。

（3）7 位实验者以玻璃瓶为中心围在四周并各自拿一根瓶塞绳。

（4）要求各小组尽快将玻璃瓶中的 7 个瓶塞取出。

（5）记录者发出"开始"信号并记录实验小组完成任务的时间。

（6）观察者观察完成任务的过程，评判哪组完成得最好。

3. 游戏后交流：

（1）如果你是实验者，请说说怎样才能又快又好地完成这项任务。

（2）如果你是观察者，有什么好的意见和建议？

【注意事项】

教师应注意营造比赛时的热烈气氛，并控制现场，保持活而不乱。

活动 93 众志成城

【活动目的】

体会团队中合作与思考的重要性。

【活动准备】

报纸数张，最好在空间较大的专用教室里开展。

【活动流程】

1. 将全班学生分成几组，每组约十人。

2. 教师分别在不同角落（依组数而定）的地上铺一张报纸，请各组成员均踩在报纸上，用任何方式都可以，不可以踩在报纸之外。

3. 各组完成后，将报纸对折，再请各组成员踩在报纸上。若成功，则再将报纸对折，让全组再尝试站立。某个组若有成员被挤出报纸外，则该组被淘汰，不得参加下一回合的比赛。

4. 上述程序进行至只剩一组成功时结束（时间不要过长）。

5. 分享：请各位成员围坐成一圈，讨论刚才的过程并分享心得：

（1）你们组成功的原因是什么？（如果是失败了，原因又是什么？）

（2）你们组若是被淘汰出局，你的心情会怎样？从中总结了什么教训？

【注意事项】

1. 注意安全，身上的金属物品及其他尖锐物品均应取下。

2. 考虑异性学生一起参与的可能性，必要时可男女分组进行。

活动 94 组合滑雪队

【活动目的】

在相互配合的行动中，感受相互支持的团队精神和整体意识。

【活动准备】

准备脚蹬、木板、绳子或布条若干，在木板上设置一系列脚蹬，并选择较大的空地。

【活动流程】

1. 每组4人，各自站在两条长木板上，每个人一只脚绑在一条木板上，而另一只脚绑在另一条木板上。所有队员的脚都绑在木板上（或套在木板上的脚蹬里）。

2. 要求各小组在规定时间内到达某个目的地。在这一过程中，各组成员不能离开木板。在规定时间内最快到达目的地的小组为胜利者。教师可以用小礼物奖励获胜小组。

3. 如果安排其中两人身体朝向与其他两人相反，可使活动更具趣味性。

4. 分享：

（1）尽快到达目的地需要什么条件？

（2）由个人单独进行是否速度更快？为何团队参加会遇到困难？其中最大的困难是什么？

【注意事项】

确保安全。

活动 95　时间管理

【活动目的】

体验科学管理可以增加时间的效度。

【活动准备】

两个储物桶（其中一个桶装了半桶豆子）、水果若干。

【活动流程】

1. 桌子上有一个装了半桶豆子的储物桶及若干水果。

2. 请一位学生上台，让他把水果尽可能多地放入桶内，并把桶盖儿盖好。

3. 当桌上还有几个水果时，储物桶已经装满，这几个水果无法放进去。

4. 启发学生再选用另外一种方法：先将水果全部放入桶内，再将豆子放入。这时，全部水果和豆子就都被放进了桶内。

5. 小组讨论：这个过程使你感悟到了什么？

【注意事项】

本活动适合在小学中、高年级实施。

活动 96　双臂交叉与十指交叉

【活动目的】

体会人们与生俱来的对变化或改变的抗拒心理。

【活动准备】

教师要做好示范动作。

【活动流程】

1. 请学生快速将双臂在胸前交叉，然后看看自己到底是哪只手臂在上。

2. 让学生立即放下手臂，重新交叉。但是，刚才左手在上的改成右手在上，右手在上的改成左手在上。

3. 请学生快速将十指交叉，然后看看自己到底是右手拇指在上，还是左手拇指在上。

4. 让学生松开手，再立即将十指交叉，但这一次要把原来左手拇指在上的改为右手拇指在上，而原来右手拇指在上的改为左手拇指在上。

5. 小组讨论：你觉得改变自己的习惯容易吗？从中你领悟到什么道理？

6. 教师归纳：

（1）如果人们改变习惯姿势，会感到不舒服。

（2）很多时候，人并不是不喜欢改变，而是不习惯改变。

（3）这么小小的姿势改变都可能引起内在的抗拒心理，那么更大的身体甚或思想意识方面的变化会带来更大的反弹情绪，这些情况是不是常常在我们身上发生呢？

【注意事项】

教师的归纳应尽量在学生感悟的基础上得出，点到为止。

活动 97 快乐竹竿

【活动目的】

培养面对挑战的勇气，感受团队合作和集体舞动的快乐。

【活动准备】

室内或户外的空地。每个小组准备两根长竹竿、四块砖。准备音乐。

【活动流程】

1. 将全班学生分成4个小组，每个小组安排两人负责抖竹竿，动作为一开一合。

2. 其他队员排成队，伴着音乐，依次从一开一合的竹竿中跳过去。

3. 安排 4 名学生做观察员，记录每个小组失误的人数，最后以出现失误次数最少的小组为获胜者。

4. 活动后分享：

（1）当你被竹竿夹住的时候，你有何感受？

（2）要想在比赛中取得胜利，你觉得要注意什么？

【注意事项】

抖竹竿的人要握紧竹竿，同时头部尽量往后仰，以免有人在跳竹竿时节奏没跟上，被竹竿夹住脚，从而把竹竿挑起。还要控制好节奏，不宜太快。

活动 98　坐地起身

【活动目的】

体验合作的重要性。

【活动准备】

最好在空间较大的专用教室里开展。

【活动流程】

1. 学生 4 人一组围成一圈，背对背地坐在地上。

2. 让 4 人胳膊挽胳膊，然后要求他们一同站起来。

3. 将 4 人小组变为 8 人小组，重复做游戏。

4. 将 8 人小组变为 16 人小组，重复做游戏。

5. 分享：谈谈你从游戏中感悟到了什么？

【注意事项】

根据具体情况可以让男生、女生分开做游戏，以打消拘谨心理。

活动 99 捡棋子

【活动目的】

体验母亲的辛劳。

【活动准备】

生鸡蛋若干，围棋子若干，装满 20 斤书的书包若干。

【活动流程】

1. 事先将棋子杂乱地撒在地上，每组选派一名代表参加捡棋子比赛。

2. 参赛学生将约 20 斤重的书包绑在腰前，书包中放置一个生鸡蛋。要求参赛学生在 3 分钟之内，尽可能多地捡起地上的棋子，同时必须保护好书包中的那个生鸡蛋，捡得多的人获胜。

3. 比赛结束后，评选获胜者（既保护了鸡蛋，又捡得多的人；或者虽捡得不多，但保护了鸡蛋的人）。

4. 请参赛学生谈谈感受。

【注意事项】

1. 为防止鸡蛋破碎后弄脏书本，可将鸡蛋装入塑料袋，并扎紧袋口。

2. 如果时间充足，可轮流让其他学生参加比赛。

活动 100 三人角力

【活动目的】

提高运动能力，勇敢面对挑战，学会以良好的心态面对胜负，培养不放弃、坚持到底的精神。

【活动准备】

空地，6 米长的布绳打结成圈，3 个矿泉水瓶。

【活动流程】

1. 每次三个人参加比赛，进入绳圈内，面朝外站成等边三角形，布绳放在腰部位置。

2. 游戏开始后，三个人通过角力，去取放在自己前方一米处的矿泉水瓶，谁先拿到谁获胜。

3. 小组讨论：

（1）面对目标，你是怎么想的？

（2）当三个人僵持不下时，你是怎么想的？

（3）当你失败的时候，你是怎么想的？

（4）从游戏中你得到什么启发？

【注意事项】

强调在比赛过程中，不管有没有拿到瓶子，都不能突然退后撤力；活动者腰部的布绳尽量宽，减少受力。

活动 101 翻叶子

【活动目的】

从具有挑战性的活动中，学习做决策与团队互动，增强团体凝聚力。

【活动准备】

较大的场地，将全班学生分为12—16人一组，每组一块布（即叶子，约可让整组人站上或稍大一点儿）。

【活动流程】

1. 整组人站上叶子后，教师宣布活动规则：

（1）所有学生现在是一群雨后受困的蚂蚁，在水面好不容易找到一片叶子，却发现叶面充满了毒液，除非大家可以将叶子翻面，否则又将遭受一次死亡的威胁。

（2）在叶子成功被翻面以前，每隔三分钟，就有一人中毒失明（或无法说话），中毒者由团队自行决定，并为其戴上眼罩，中毒者的安危由团队共同负责。

（3）整个过程所有人都站在叶子上。

（4）所有人身体的各部位均不可触碰叶子以外的部分，否则重来。

2. 各组群策群力翻叶子。

3. 任务结束后的分享重点（教师可根据学生年龄特点自行调整）：

（1）你觉得完成任务的关键是什么？

（2）决策是如何做出的？活动中的关键人物是谁？他扮演了什么角色？在平时的生活中团队是否有这样的角色存在？有什么异同？

（3）在活动中，当人与人之间失去了适当的距离时，对人际关系有帮助或影响吗？

（4）在参与团队决策过程中，你所处的位置与参与程度有什么关联性？和现实生活中的你相似吗？

（5）团队是如何决定中毒者的？依据什么判断？被选中者的心情怎样？团队是如何对待中毒者的？

（6）在活动中，当某些人出现特殊状况时，团队是否适时地照顾到当事人的感受？曾提供过哪些协助？

【注意事项】

教师要注意做好准备工作，并加强对具体细节的组织与指导。

活动 102 吸管穿萝卜

【活动目的】

培养勇于尝试的精神，认识心态对行动的影响。

【活动准备】

室内场地，吸管和萝卜各4根。

【活动流程】

1. 教师出示一根吸管和一节萝卜，问学生："你们认为这根吸管能穿过这节萝卜吗？"

2. 邀请四位持不同态度的学生来试一试，其他学生仔细观察，看看有什么情况出现。

3. 讨论：你觉得挑战前的想法对你的行动有没有影响？从游戏中，你明白了什么道理？

【注意事项】

为了更好地引导，可以请持不同观点、不同性别的学生来参加挑战。准备材料时要注意吸管和萝卜的软硬程度，萝卜可以切成小节，让大家从侧面穿。挑战的结果可能是穿得过，也可能是穿不过，都要进行相应引导，最后可以告诉学生："要勇于尝试，通过实践来检验猜想。"

活动 103　口耳相传小秘密

【活动目的】

用于人际沟通团体训练，使学生领悟：听到的并不代表是正确的，人际交往中要做到"用心听话，正确解读，明白表达"，才不致产生误会。

【活动准备】

最好在空间较大的专用教室里开展。

【活动流程】

1. 设计一句文字发音非常类似又有意义的话，即活动中要口耳相传的小秘密。

2. 请学生以直排式分组，由最前或最后一人开始传话，有时间限制。传话过程中可以有肢体接触，但不可以让其他人听到传话内容。

3. 时间到，请传到最后的那一位学生说出他听到了什么。

4. 小秘密举例："姑姑带着锅子、钩子和鸽子，到铺子里去卖锅子兼卖鸽子。"

【注意事项】

1. 如果每排人数不等，可以分别计时，以求公平。

2. 如果不分别计时，可以在时间到时，由最后那位接话的学生表达所听到的话。

3. 时间到时，也可以请学生先将听到的写下来，再由教师说出来。

活动 104 请帮我认识我自己

【活动目的】

认识他人，坦诚反馈，帮助自己了解自我。

【活动准备】

每人一张"个性特征表"（如下表）。

类型	长处	短处	相对应的职业取向
乐天型	热切、诚恳、乐观、抱希望、富感情、优越感、感性强	冲动、浮躁、不坚定、意志弱、易怒、易懊悔	讲解员、商人、演员
易躁型	意志坚定、坚强、敢冒险、独立敏锐	急躁、激烈、缺乏同情心、易谋私利、骄傲、报复、不太会深思	军官、老板、政治家
忧郁型	思想深远、透彻、自制、信实、可靠、有天分、富有理想、求完美、忠心	抑郁、沉闷、忧愁、痛苦、多疑、情绪化、自省、求完美、易怒、悲观	艺术家、哲学家、教授
冷静型	平静、稳定、随遇而安、温和、自足、实事求是、善分析、有效率	冷淡、缺感情、迟钝、懒惰、无动于衷、不易悔悟、自满	教师、科学家、作家

（资料来源：吴武典，钟志农. 团体辅导[M]. 天津：新蕾出版社，2008: 363.）

【活动流程】

1. 将全班学生分为若干个 4 人小组，教师给每个学生发一张"个性特征表"。请大家仔细阅读，然后认真思考一下自己和组内每一位同学的个性特征，并把自己的认识记下来。

2. 在小组内依次开展回馈，先由组员对被评价者谈各自的分析，再由被评价者本人发表对别人评价的感受以及对自我的分析。大家会发现，两者也许非常一致，也许差别很大。

3. 深入探讨为何两者之间的看法会出现差别，这一探讨对进一步认识自我会有诸多益处。

【注意事项】

此活动适合在高中（特别是职业高中）实施。

活动 105　旋转的橘子

【活动目的】

提高学生的配合能力，养成互相鼓励和宽容的习惯，感受团队合作的快乐。

【活动准备】

1. 室内或户外的空地，橘子若干个、秒表。
2. 讲清游戏规则。

【活动流程】

1. 以小组为单位进行计时赛。

2. 小组成员站成一列，先从第一位队员开始，双手侧平举，掌心向上，双手各放上一个橘子。

3. 当教师说"计时开始"后，这位队员原地转三圈，如果橘子没掉，就传给第二位队员继续进行。

4. 如果橘子掉了，需要捡起来重新转三圈。

5. 到最后一位队员顺利完成任务后计时结束，比一比哪组用时最少。

6. 分组讨论：

（1）你觉得在与队友的配合过程中要注意什么？

（2）当你们那组出现落后或失误情况时，你是怎么想的？

【注意事项】

比赛前让各组进行排序、讨论和练习。提醒队员在旋转时手掌必须是平伸的，不可以握住橘子。这个游戏可以几组同时进行，也可以用球代替橘子。

活动 106 传递呼啦圈

【活动目的】

培养良好的团队合作意识和能力，学会互相鼓励与尊重，感受合作成功的快乐。

【活动准备】

室内或户外宽敞的空地，每组1个呼啦圈，秒表。

【活动流程】

1. 参加者手牵手围成圈，请其中两人暂时松开手并套入一个呼啦圈，然后在全体队员不松开手的情况下，把呼啦圈传递一圈回到原位，记录完成任务所用的时间，并将其作为评比指标。

2. 可以先分组进行计时比赛，再合成一个大圈进行全体挑战。

3. 讨论：

（1）当有队员速度慢或出现"卡位"现象时，你是怎么想，怎么做的？

（2）在做游戏过程中你的心情如何？为什么？

【注意事项】

提醒参加者要互相鼓励，尤其要懂得尊重动作不是那么敏捷的队友。活动过程中如果有队员把手松开，计时每次加 1 秒。

活动 107　不能没有母亲

【活动目的】

体验亲情，感受母爱。

【活动准备】

背景音乐。每个学生发一张 16 开白纸。

【活动流程】

1. 学生写下自己认为对自己一生最重要的五项内容，可以是人，也可以是物，但其中必须包括"我"和"母亲"。

2. 学生写完后，教师指导学生完成下面的活动。

（1）指导语："现在要请你忍痛割爱了，五项内容中只能保留四项。请你慎重考虑，从五项内容中去掉一项，去掉的这一项要用笔划去。注意：一旦划去，就意味着它从你的生活中消失了。划去之前，你要不断回忆它在平日里给你带来的欢乐。可现在，它就要消失了，想到这些，你会很难过，但你还是要坚决地把它划去。"

（2）依次类推，让学生一项项地划去所写内容。当大多数学生只留下"我"与"母亲"时，教师要继续创设矛盾情境："现在，你和妈妈就坐在船上，遇到了海上风暴，灭顶之灾就要降临在你们身边，你和妈妈只有一人能活下来，你怎么办？请你在一两分钟内做出选择。"（同时播放音乐以渲染气氛）

此时学生很可能已完全沉浸在教师设计的情境中，面对两难选择，情绪很激动，迟迟不能做出决定。

3. 教师不要逼迫学生一定要做出抉择，而要适时地将学生从虚设的情境中拉回来。让学生交流一下刚才的真实感受：

（1）你为什么迟迟不能下狠心做出最后的抉择？

（2）刚才那一刻里，你想到了一些什么事情？

【注意事项】

活动进行过程中，有些学生会情绪失控，痛哭失声。此时教师要维持现场秩序，及时将学生的注意力引导到对问题的讨论上来。

活动 108 袋鼠妈妈

【活动目的】

培养良好的团队合作意识和能力，提高投掷能力，学会互相学习与鼓励，感受团队活动的快乐。

【活动准备】

室内或户外的空地，纸篓若干个，小球多个。先分组。

【活动流程】

1. 以小组为单位进行比赛，每组安排一位队员担任袋鼠妈妈，在肚子前面绑上一个纸篓。

2. 其他队员站在3米之外，按顺序依次上场，把手中的小球投向袋鼠妈妈肚子前面的纸篓。

3. 袋鼠妈妈可以在一定范围内移动，两人配合将小球投入纸篓。

4. 每位队员有3次机会，投中几个加几分，累积小组成功的次数评比名次。

5. 讨论：当队友没有投中时，大家是以责怪还是鼓励的态度为主？通过这个游戏你明白了什么道理？

【注意事项】

引导队员及时总结经验，互相学习投掷技巧，同时要支持和鼓励没能投中的队友。

活动 109 单脚骑兵

【活动目的】
　　1. 培养良好的团队合作意识和能力，感受团体活动的快乐。
　　2. 强化坚持到底、不抛弃、不放弃的精神。

【活动准备】
　　在专用教室或户外场地进行活动，先分好小组。

【活动流程】
　　1. 以小组为单位进行比赛，每组队员按一路纵队站好，抬起右脚向后弯曲，伸出左手扶在前面队友的左肩上，同时右手抓住前面队友抬起的右脚，全组连接成一个整体，进行赛跑。
　　2. 过程中抬起的脚不能落地，不能解体，否则必须重新连接好后才能继续前进。比一比哪一队配合得更好，跑得更快。
　　3. 分组讨论：
　　（1）你们组是怎么分工的？你觉得最困难的地方是什么？是怎么克服的？
　　（2）落后于其他小组时，有没有想过放弃？又是如何坚持下来的？
　　4. 分享交流经验后如果时间充裕，可以再进行一轮比赛。

【注意事项】
　　1. 先进行一定的练习和讨论，注意合理分配人员，连接牢固。
　　2. 如果过程中没有配合好，快要摔倒时，要注意做好自我保护和互相保护。
　　3. 要遵守规则，不管自己的小组落后了多少，都要坚持到底，完成任务。

活动 110 解开毛线团[①]

【活动目的】

1. 通过设置解开毛线团的活动场景，引导学生感受在生活中遇到难题时出现的焦虑心情。

2. 通过活动，引导学生了解在学习中化解焦虑的路径。

【活动准备】

1. 缠绕极为凌乱的小毛线团，每人一个。

2. 计时器PPT。

3. 快节奏的背景音乐。

【活动流程】

1. 每人领取一小团凌乱的毛线团。

2. 在6人小组内对半分工，3人为"解线员"，要求在2分钟之内（播放计时器的秒针声音）将各自的毛线团解开；另外3人担任观察员，负责记录相对应同学的完成时间，以及在解开毛线团时的表现。

3. 2分钟后，小组内分工角色互换，在5分钟内完成解开毛线团的任务。

4. 小组讨论：

（1）在解开毛线团的过程中，你的焦虑心情是几分（10分为上限）？

（2）你的焦虑心情给你带来的后果是什么？

（3）今后在遇到学习困难时，你应该如何化解自己的焦虑情绪？

【注意事项】

活动时，教师要注意用背景音乐营造一种时间紧迫的氛围。

[①] 本活动素材由浙江省杭州市惠兴中学类芹老师提供。

活动 111　早熟[①]

【活动目的】

引导学生通过具体情境了解早孕的后果，思考如何防止因一时冲动而摘下不该采摘的青果。

【活动准备】

制作电影《早熟》的剪辑视频。

【活动流程】

1. 播放电影《早熟》片段（1）：

男主角方家富家境清贫，父亲是司机，母亲是酒楼接待员。

女主角雷若男家境富裕，父亲是律师，母亲是公益人士。因被父母严厉管教，若男渴望自由的生活。

两人在学校相恋，遭到若男父母的反对。有一天，家富邀若男去野营……

2. 七嘴八舌（AB 分组）。

教师提问："觉得应该去野营的，坐到 A 区；觉得应该拒绝的，坐到 B 区。请大家分别阐述理由（讨论并分享）。"

3. 播放电影《早熟》片段（2）：

两人在野营时偷尝了禁果，若男怀孕了……

4. 说长道短（AB 分组）。

教师提问："若男怀孕了，她应该怎么办？觉得应该把孩子生下来的，坐到 A 区；觉得不应该生下来的，坐到 B 区。请大家分别阐述理由（讨论并分享）。"

5. 播放电影《早熟》片段（3）：

[①] 本活动素材由浙江省象山县第三中学余也冰老师提供。

若男坚持要把孩子生下来，离家出走，却被母亲发现。母亲经不住若男的哀求，放走了若男。

家富和若男到了一个荒废的村子，过着贫苦的生活。最终，若男被送进医院的产房，家富被警方带走了。法官说，此类案件经常发生，一般这样急匆匆结婚的夫妻，大多不到三年就会离婚。后来，家富被判三个月监禁，他出狱时，若男抱着孩子来接他……

6.说是论非（AB分组）。

（1）请大家谈一谈：高中生谈恋爱利大还是弊大？认为利大的坐在A区，认为弊大的坐在B区，各抒己见（讨论并分享）。

（2）如果有一天，导演邀你一起改编《早熟》，你会从哪里开始修改？怎么修改？

【注意事项】

1.此活动适合在高中实施。

2.教师应该在坚持价值中立的前提下，根据现场讨论的情况给予必要而适度的引导。

认知调整类活动素材
——以知促悟

活动 112 打结

【活动目的】

1. 了解思维定式的影响，在活动中体验如何打破思维定式，尽量减少它带来的消极影响。

2. 培养学生的创新思维能力。

【活动准备】

1. 粗细适当、长约 80 厘米的绳子，每人一条。

2. 按 6 人一组，将全班学生分成若干小组。

3. 说明游戏规则的 PPT，呈现正确手势的 PPT，用作示范。

【活动流程】

1. 教师给每个学生发一根绳子，请学生用左、右手分别拿着绳子的两端，在小组内讨论：怎么才能打一个结？

2. 活动规则：双手不能离开绳子的两端，五个手指既不能分开，也不能将自己的手捆在绳子里（教师演示不规范动作）。请学生边思考边尝试。

3. 学生多次尝试失败后，教师出示参考答案：左、右手同时在胸前交叉（注意一定要交叉，即左手在右手手臂上面，右手在左手手臂下面）。在保持这个姿势的前提下，左、右手分别抓住绳子的两端，然后双手朝两边一拉，结就打好了。（教师演示分解动作）

4. 教师引导："完成这个游戏的关键是拿绳子前的准备动作。很多同学一看到标题，就把绳子拿在手里，然后尝试怎么能在绳子上打结，这已陷入思维定式了。我们只考虑到怎么在绳子上打结，没想到需要在准备工作上下功夫，通过手臂交叉实现绳子交叉，从而解决问题。"

【注意事项】

教师应注意观察活动现场，防止学生拿绳子做其他不符合要求的游戏。

活动 113　无法分离的无名指

【活动目的】

1. 通过活动体验在人际关系中，最值得珍惜的是好朋友。
2. 促进每个人反思自己的人际交往现状。

【活动准备】

1. 按 6 人一组将全班学生分成若干小组。
2. 呈现正确手势的 PPT，用作示范。

【活动流程】

1. 首先请大家伸出两手，将中指向下弯曲，将中指的第二指节对靠在一起。
2. 然后将其他 4 对手指分别指尖对碰。
3. 请确保在游戏过程中，中指始终紧靠在一起，其余手指只允许一对手指分开。
4. 教师发出口令："现在请张开你们那对大拇指—合拢大拇指—张开食指—合拢食指—张开小指—合拢小指。"
5. 最后请大家试着张开那对无名指，情况如何？
6. 小组讨论：在你的生活中，有没有遇到这样的朋友，像今天的无名指一样和你紧紧贴合在一起，与你共享欢乐，分担痛苦？

【注意事项】

1. 一开始就做出正确的五指相对的手势是本游戏成功的关键，教师要注意示范，并巡视、检查学生前面三步的起始动作是否规范，再发出第四步的动作口令。
2. 要重视游戏之后的分享。

活动 114 我的动物画像

【活动目的】

1. 学生通过对动物画像的选择，进行自我觉察。
2. 全面反思自己，体察自己，表达自己，认同自己。

【活动准备】

1. 课前准备动物卡通画像卡片至少20张（教师可自行增减，也不一定是彩色的），然后复制8—10套，装入卡片盒子。另外准备若干套备用卡片，以备学生临时索取某种动物的卡片。
2. 按6人一组将全班学生分为若干小组，每组一套完整的动物卡片。

【活动流程】

1. 各组成员在发到的动物卡片盒子中，选取一种最能代表自己个性特点的动物。如果一种动物卡片有两位以上的学生选取，则其他学生可找教师索取备用的动物卡片。
2. 组员在小组内描述自己喜爱的那种动物的特性，并分享自己与该动物相似的个性。
3. 全班分享，教师随机点评并正面鼓励："每个人都是独特的，每个独特的个体组成了这个世界。认识自己，觉察自我，是为了更好地接纳自我，增强自信。"

【注意事项】

事先强调团体规范，防止小组内在个人进行自我描述时出现调侃现象。

活动 115 记忆盒

【活动目的】

训练小学生的记忆能力。

【活动准备】

活动用的小物件和盒子。

【活动流程】

1. 请学生从身上随机拿出 16 件物品，凑在一起。

2. 将 16 件物品放在一个 4×4 的方格盒中，给大家一分钟的时间记住物品摆放的位置。将这 16 件物品拿出来，堆在一块，请一个学生自告奋勇，用最短的时间恢复物品摆放的次序。

3. 重复几次，变化摆放的次序，看谁的正确率最高。

4. 学生讨论：记住物品位置的方法主要有哪些？

5. 教师小结：

（1）可以将方格盒里的物品按大小编上序号，并记住相应位置，这样就可以"对号入座"。

（2）可以几个人分工，每人负责记住几样东西，这也是个节省时间的办法。

（3）还可以将物品简单分类，用分类法加强记忆，等等。

【注意事项】

本活动适合在小学中年级实施。

活动 116　收集宝物

【活动目的】

认知训练：包括脑力思考与类化能力（即同理类推、举一反三、触类旁通的能力）的训练。

【活动准备】

提前布置，让每名学生从家中拿来 5 件自己喜欢的小物品，并做上记号，以便活动结束后认领。注意不要带比较贵重的物品。

【活动流程】

1. 每人献出五件宝物（贝壳、胸针、火柴……），力求种类繁多，愈抽象、愈奇特愈好。

2. 每人在大家带来汇集而成的宝物当中，任取数件归成一类。

3. 在 4—6 人小组里说出自己归类的依据或理由，与大家分享。

4. 组员对每人做的归类是否合理做出评价。

【注意事项】

1. 事先注意教育：最后要物归原主。

2. 选取物品时，要安排 3 人作为教师的助手以维持秩序。

活动 117 图片联想

【活动目的】

训练联想、创造的能力，并培养团体成员的合作精神。

【活动准备】

每人从家里带来几张图片。

【活动流程】

1. 先将每人带来的图片任意排列。

2. 学生自选图片进行组合，在小组里将所选的图片内容描述成连贯的故事。

3. 组员推选出最佳联想故事，在全班分享。

【注意事项】

注意爱护他人物品，活动后物归原主。

活动 118 大胆想象[①]

【活动目的】

发展小学生的想象力。

【活动准备】

音乐。七巧板若干副。图纸若干张。

【活动流程】

1.教师布置两项任务，学生可选其一。

（1）用纸制作一个七巧板，按纸上原有的线剪下即可，并根据自己的想象拼出各种图形。

（2）从以下三幅图中任选一幅图，在原图上进行绘画。

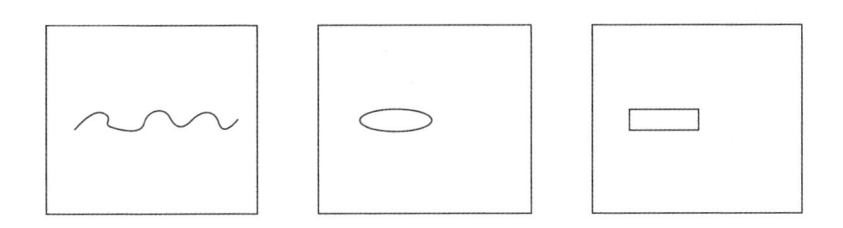

2.学生自选任务，实施活动。

（1）教师根据学生的兴趣，发给学生不同的工具。

（2）统计做七巧板与画图的人数，并分组比赛。

（3）播放一段音乐，让学生在音乐声中自己动手操作。教师巡回指导，并表扬或展示一些完成得不错的作品。

（4）学生展示作品，并解释自己的创意。

3.投影出示情境，让学生分组自由想象，然后全班分享。

（1）情境一：有幢高楼里只有两部电梯，大家常常为乘电梯等候时间过长而焦虑不安，请你在2分钟内为他们想出5种以上解除烦恼的办法。

[①] 钟志农.心理辅导活动课操作实务[M].宁波：宁波出版社，2007: 195.

参考答案：规定一部往上，一部往下；6层楼以下不开放电梯；30岁以下走楼梯；女士、老人、孩子、残疾人优先；电梯口设阅报栏……

（2）情境二：假如有朝一日外星人终于和地球人之间达成友好往来，地球上有什么东西可能出口到外星上去？请你在3分钟之内设想出5种物品来。

参考答案：地球人洋娃娃、地球仪、世界地图……

【注意事项】

此活动适合在小学中年级实施。

活动 119 切蛋糕

【活动目的】

启发学生要从不同角度考虑问题。

【活动准备】

生日蛋糕投影片。准备营造生日快乐气氛的歌曲。

【活动流程】

1. 投影：生日蛋糕。

2. 请大家想出一个办法：只切4刀将这个蛋糕分成尽可能多的份数。

3. 分组讨论。

4. 全班分享。

5. 教师小结：

（1）公布答案。

（2）如果在平面切割上我们遇到了阻碍，为什么不从二维或是三维空间来考虑这个问题呢？

【注意事项】

教师应尽量肯定学生的各种创意，不轻易否定。

活动 120　图形想象与声音想象[①]

【活动目的】

发展小学生的想象能力。

【活动准备】

相关视频与音乐。

【活动流程】

1. 根据形状进行想象活动。

（1）出示"□"。可能的答案：电视机、报纸、电脑、桌面、操场……

（2）出示"○"。可能的答案：洞、圆桌面、眼睛、管子、碗、纽扣、盖、瓶……

（3）出示"⋮"。可能的答案：竹子、雨、斑马线、血滴、珠子、眼泪……

（4）出示"—"。可能的答案：路、绳、竹竿、被子、木板、地面、床、电线、树……

（5）出示"≈"。可能的答案：波浪、滑板、鞋子、跷跷板、驼峰、桥、云……

建议：既可以采用自己思考并回答的形式，也可以采用分小组讨论和比赛的形式。教师用一些红花、五角星等做奖品，以鼓励学生。

2. 根据声音进行想象活动。

教师先放一段抒情的音乐，接着突然转折，出现一些不协调的声音。学生根据自己的生活实际，推断可能发生的事情。

（1）狗叫声。推断：看见了陌生人、有小偷、发现了奇特的现象、求救、追逐、挨打……

（2）尖叫声。推断：害怕、求救、高兴、惊慌、挨打、被烫伤、骨折、

[①] 钟志农.心理健康教育课教师指导手册：小学分册[M].杭州：浙江科学技术出版社，2002: 221.

小孩打针、恶作剧……

（3）咳嗽声。推断：生病、提醒别人、掩饰自己的窘态、心虚、动脑筋想办法……

（4）脚步声。推断：夜深人静时、心里烦躁、生气时故意跺脚、吸引人的注意力……

（5）打碎玻璃的声音。推断：不小心打碎了花瓶、吓了一跳杯子掉在地上、故意破坏、引起别人的注意、发脾气……

建议：可以逐个播放各种声音，让学生自由想象并发言，也可以让学生自由讨论后再回答。

3. 教师点拨："想象可以使我们的生活变得更加丰富，更加有趣。经常展开想象还有利于我们解决问题。"

【注意事项】

教师对学生提出的各种答案，应给予充分的肯定与表扬，并鼓励有创意的想法，切忌批评与比较。

活动 121 自我标价

【活动目的】

帮助学生探讨并澄清自己的价值观。

【活动准备】

给每个学生一份价值清单（如下表）。

1. 快乐的心情	2. 健康的身体	3. 责任感强	4. 聪明才智
5. 勇敢坚强	6. 自尊自信	7. 宽容他人	8. 诚实可信
9. 优异的成绩	10. 漂亮的外表	11. 孝敬父母	12. 经济富裕
13. 勤奋努力	14. 关心别人	15. 善于合作	16. 独立自主

【活动流程】

1. 教师引言："我们每个人的心中都有一台天平。当我们碰到各种各样的事情时，我们总是用这台天平进行自己的价值判断和价值取舍。今天，我们一起来看一看：同学们心中的这台天平是怎样的，你们又是如何给自己看重的东西标价的呢？"

2. 出示投影：价值清单。

3. 以小组为单位活动：假设为市级商品展销会，要求每个学生给这16件商品标价，底价为100元，最高价为5000元。然后挑出自认为最好的5件商品，在组内报价，并申诉理由，其余学生审核。

4. 全班活动：假设为省级商品展销会，学生自由报价，说明理由。

5. 情境模拟：你以优异的成绩考上了重点大学，按照你的分数，你完全可以填报你梦寐以求的北京大学。然而，这将需要一大笔费用，而你却出生于经济非常困难的家庭，你的父母年老多病，你在家中又是独子，填志愿时，你将做出怎样的选择？你为什么做出这样的选择？

6. 教师小结："在漫长的人生旅途中，我们面对各种问题的时候，不能只为自己的利益而做出选择。我们在进行价值判断的时候，不能只考虑自己，还要考虑别人，考虑整个社会。当然，最后抉择的权利掌握在你自己的手中。"

【注意事项】

1. 教师要把握好价值中立的原则，切勿强加于人。
2. 价值清单的内容可根据班级情况灵活调整。

活动 122 关于生命的思考

【活动目的】

引导学生回顾自己成长历程中发生过的重要事件，摆脱对过去或未来的幻想，关注当前真正要做好的事情。

【活动准备】

　　为每位学生准备一份"生命调查表"。

【活动流程】

　　1.将学生分为若干个4人小组,给每个学生发一份"生命调查表"(如下表),要求每个人认真思考准备。

从小学到现在,你最快乐的是哪一年(或哪一段时间)?

你最喜欢做什么?

从小学到现在,你生命中的转折点是什么?

从小学到现在,你最不顺利的事情发生在什么时候?

你有没有对某一件事情表现出极大的勇气?

你有没有在某一段时间内感到非常悲伤?这种情况是不是不止一次?

说出你做得并不好,但是仍然必须做下去的事。

哪些是你很想停止不做的事情?

哪些是你很想好好再做下去的事情?

说说你曾经有过的最快乐的经历和体验。

说说你最希望拥有的快乐体验。

你觉得自己生命中最重要的事情是什么?其次呢?再次呢?

说出你曾经丧失的一个一生中很重要的机遇。

哪些事情是你想从现在开始要好好做的?

---

2. 在小组内分工，四个人轮流担任不同角色：焦点人物一人，记者一人，嘉宾两人。每个学生在轮到做焦点人物时，必须回答记者提出的问题，由记者做简要记录。两位嘉宾则可以追问某些问题或回馈某些看法。访谈结束后，由记者将访谈记录交给焦点人物。

3. 每人担任焦点人物的时间为5—8分钟。

4. 最后全班分享5—10分钟，教师做简要点评。

【注意事项】

教师要明确团体规范，注意观察与调控现场气氛，防止出现调侃现象。

活动 123 戴高帽

【活动目的】

让每个学生在小组内轮流接受其他同学对其优点的具体描述，并学习以一种开放的心态和感激的心情来面对同学的建议。

【活动准备】

每个小组事先制作一顶纸帽，要美观大方。

【活动流程】

1. 8人小组围坐，依次请一名学生坐在中间，头上戴一顶纸帽。

2. 大家轮流说出他的优点及他的特别之处（如性格、相貌、为人处事）。基本规则是只能说优点，态度要真诚，不能毫无根据地吹捧。

3. 被称赞者说说哪些优点是自己察觉到的，哪些是以前不知道的。

4. 每个参与者都要留意被人称赞时的感受，梳理用心去发现他人长处的方法，并在活动结束前与大家分享自己的想法。

【注意事项】

教师要明确团体规范，注意观察与调控现场气氛，防止出现调侃现象。

活动 124　个性名片

【活动目的】

1. 把自己最想与他人交流的信息简洁地表达出来，并在这个过程中学会肯定自己。

2. 通过交流"个性名片"，让学生进一步认识自我，并较为客观地了解他人。

【活动准备】

每人一个胸卡，空白名片纸一盒，彩色笔若干。

【活动流程】

1. 教师发给每位学生一个空白胸卡，彩色笔每组若干。

2. 在 5 分钟内，每位学生要为自己设计一张个性名片，插入胸卡内。

3. 要求：

（1）不少于 5 条个人信息。

（2）可用图文等多种形式表示。

（3）可以使用多种颜色的笔。

4. 小组交流，集体分享。

【注意事项】

1. 5 条个人信息可以是具体的，也可以是抽象的、含蓄的，但应是个性化的。

2. 教师发现典型名片后要进行交流并重点提问，深入挖掘个性特质，帮助当事人进一步了解自己。

3. 活动总时间控制在 20 分钟以内。

活动 125　以人为镜

【活动目的】

提供回馈，帮助学生了解自我。

【活动准备】

每组一面直径为 20 厘米左右的镜子。

【活动流程】

1. 教师说明活动性质及注意事项。

（1）团体中每个人对他人而言都像一面镜子。本活动即要求每个学生，主动地请其他同学作为自己的镜子，从不同角度客观地映出自己，从而使学生更全面地认识自己。

（2）作为镜子的同学提供的回馈应该包括有关言行举止、观念态度、性格或优缺点的评价，但不能进行人身攻击。

（3）作为镜子的同学必须尽量做忠实的反映，不可推测。

2. 全班分为 4 人小组，每位组员将镜子传到同组同学手中，请他们做镜子来反映自己。同学发言时，其他组员只需静听。若有必要，可在组员反映后，加以补充或解说。

3. 全体组员轮流做完活动后，讨论各自的感受。

【注意事项】

教师应注意深入小组巡视，发现有人身攻击现象后应及时处理。

活动 126　价值阶梯

【活动目的】

引导学生思考自己的价值观，并与同龄人比较彼此的价值阶梯。

【活动准备】

1. 每人一张印有阶梯形线条的白纸。

2. 将课桌撤出教室，使室内有较大的活动空间。

【活动流程】

1. 教师让全班学生面对十几样不同事物，按个人想法，依优先次序加以排列，最优先者排在最上面，最无关紧要者排在最下面，排列成阶梯。例如：

（1）想提高学业成绩——分数

（2）想结交更多的朋友——友谊

（3）想通过学习改变自己——进步

（4）想为别人做一些事情——充实

（5）想使自己的心情变得更好——快乐

（6）想让自己看起来更有吸引力——外表

（7）想考全市第一名——荣誉

（8）想有很多的钱——富有

（9）想让所有疾病远离自己——健康

（10）想长大后做一番大事业——成就

（11）想有很多的书供自己阅读——知识

……

2. 学生在组里排好事物顺序后，教师在黑板上画一个阶梯（级数是12级），教师每喊出一个选项（例如，"想有很多的钱"），就让学生依个人排列顺序站在相应的阶梯前面（纵向排列）。

3. 排在同一个阶梯里的学生可以互相交流，然后，环顾左右看看别人站在什么地方，听听站在其他阶梯里的同学说说他们的想法。

4. 以此类推，教师每喊出一个选项，全体学生的队列就要变动一次。

【注意事项】

根据具体情况，选项和黑板上所画等级的多少可以调整。

活动 127 我好比是……

【活动目的】

帮助学生通过比拟活动进一步了解自己的个性特点。

【活动准备】

每人一张 16 开白纸。

【活动流程】

1. 教师要求学生在纸上写下一种与自己个性最相近的动物或物品名称，并写出用此物自我比拟的原因。例如："我像一只蚕宝宝，整天拼命吃桑叶，努力把自己的肚子变大，结果无非是要我吐丝，作茧自缚，使自己变得越来越封闭。我不知道自己何时能够钻出去，变成一只自由飞翔的蛾。"

2. 教师让学生两人一组，先由学生甲说出自己觉得学生乙像哪一种动物或物品，是何原因。再由学生乙说出其自我比拟的动物或物品及其理由，讨论哪一种比拟更为合适。然后甲乙角色互换，继续进行比拟和讨论。

3. 时间允许的话，可让每名学生找 3—4 位同学进行比拟、分享和讨论。

4. 全班分享活动经验，可着重在：

（1）何种比拟自己最喜欢？

（2）别人对自己的何种比拟令自己最感到意外？

（3）整个活动带给自己最大的收获或者感受是什么？

【注意事项】

教师要注意讲清活动的意义和团体规范，强调对他人的尊重，防止出现调侃现象。

活动 128　人生画像

【活动目的】

帮助学生了解自己及别人目前在学习和生活中遇到的问题。

【活动准备】

将全班学生分为 6 人一组，每组一盒彩笔。每人一张 16 开白纸。

【活动流程】

1. 教师发给每位学生一张纸，请学生画一张能表现目前的"生活世界"和"自我角色"的图画。

2. 画完后，在小组内分享图画并说明画的意义，其余同学可给予回馈、反问，以便对这位同学有进一步的认识与了解。

3. 每位组员依次说出自己作品的意义。

4. 全组发言之后，再分享彼此对这一活动的感受。

【注意事项】

教师要注意营造团体安全的氛围，防止出现调侃或攻击现象。

活动 129　为我们的团队命名

【活动目的】

增强团体凝聚力。

【活动准备】

每个小组发彩笔一盒、对开白纸或彩纸各两张。

【活动流程】

1. 全班分为若干个 6—8 人小组，各组针对自己所在小组或班级的特性，以一种动物（或自然现象）来进行比拟，并说明原因。

2. 各组讨论完毕，可派代表向全班报告讨论结果。

3. 如果是为小组命名，可配合要求各组设计组名标志（代表本组的精神与特色）及编写"组歌"，并进行相关练习和比赛。

4. 如果是为班级命名，可在各组报告后进行讨论或投票，选定一个名称代表本班，并设计班旗、班徽，创作班歌、班训等，以增强小组或班级的凝聚力。

【注意事项】

严格控制时间，以便各组之间交流分享。

活动 130 猜猜他是谁

【活动目的】

使自知的"我"和他人所知的"我"变得更加融洽，也使每个人体会到被人认识的快乐。

【活动准备】

每人一张16开白纸。

【活动流程】

1. 教师给每位学生发一张白纸，要求写五个描述自己的句子，"我是一个＿＿＿＿的人"，不具名。

2. 将每个人写的纸投入一只小盒子。

3. 教师收齐后，从盒子中抽出一张念出来，让大家猜猜这张是谁写的。

4. 被猜中的人说出他们猜对的理由（具体陈述对自己的看法）。

5. 最后教师引导大家谈谈被猜中时及猜中别人时的感受。

【注意事项】

教师要注意保护个人隐私，凡是内容不适合大家来猜的纸条应搁置一边，等课后个别处理。

活动 131　父母的责备像……

【活动目的】

通过比拟活动让学生表达在亲子关系中遇到的问题和自己的感受,以便为掌握亲子沟通技巧奠定基础。

【活动准备】

根据活动主题或班级现状设计比拟活动的主题。例如,在探讨亲子关系问题时,可以进行"父母的叮咛像……"或者"父母的责备像……"的比拟活动,让学生通过比拟来表达自己的情绪或感受。

【活动流程】

1. 确定主题后,教师让学生先在纸上写下个人的比拟句及理由,然后在小组或班上进行交流分享。
2. 教师协助学生归纳他们的比拟方式,并逐类进行讨论。
3. 教师综合讲评,引导学生将各种比拟的结论导向正面的看法。

【注意事项】

教师要讲清活动目的,防止学生的情绪表达出现偏差。

活动 132　让我描述你

【活动目的】

提供客体的自我讯息,增进交流和了解自我。

【活动准备】

1. 强调活动意义和团体规范。
2. 教师要通过自己的描述方式为学生引路。

【活动流程】

1. 教师说明活动规则，并举例说明。

2. 在4—6人小组内，轮流使用比喻的方式描绘小组中的每个人，可以用某种动物、家具、汽车、植物或自然现象做比喻。如"我觉得你好像一辆摩托车……"，然后说明为什么会有这种印象。

3. 轮流实施（20分钟），自某人开始，等到大家都把某个描述对象描绘完毕再换一人，逐一实施。

4. 最后分享被描绘的感受。

【注意事项】

必须有良好的团体氛围，大家才能感觉到安全、和谐。

活动 133 职业理想发布会

【活动目的】

引导学生初步思考自己的职业生涯，树立职业生涯规划意识。

【活动准备】

1. 教师在课前做好学生职业理想的小调查，大致进行分类。如，企业家、公务员、教师、工程师、军人、科研人员等，分类宜粗不宜细，并且事先准备好职业标卡，作为分组讨论的小组标识。

2. 按6人分组，准备冥想音乐，如《追梦人》。

【活动流程】

1. 引导语："老师给大家放一段音乐，请大家在音乐中畅想一下你的未来。音乐响起，请闭上眼睛。你看到20年后的自己了吗？会是什么样子的呢？穿着什么样的衣服？正在做什么样的事情？你身边会有什么样的朋友？……"

2. 小组讨论：你在冥想时看到你20年后的职业是什么？你的理想与现实能契合吗？

3. 将全班学生按职业的大致范围重新组合成若干小组，讨论下列问题：

（1）按相同或相近的职业分类讨论这类职业的一些共同特点。例如，20年后你将处在人生的什么位置？你的事业发展到什么阶段了？假如你畅想的是20年后的自己已经成为某集团的CEO，那么，要胜任这个职位你需要具备哪些个人素质？你是怎样一步步成为CEO的？

（2）同一小组的组员要集思广益，准备召开一个职业理想发布会，设想记者团可能会提出的问题，以便做好准备，接受记者团的提问。

（3）每组挑选一名组员作为新闻发言人，两名组员作为记者。新闻发言人的任务是：根据本组的畅想情况，用5分钟阐述"20年后的畅想"，然后用5分钟接受记者团的采访，回答记者团的提问。记者的任务是：负责收集本组组员对其他小组新闻发言人所提的问题，然后根据其他小组新闻发言人的发言提问。

4.教师作为新闻发布会的主持人做总结。

【注意事项】

教师的课前调查很重要，对各类职业的特点要有一定了解，以便现场做点评和引导。

活动 134 我的墓志铭

【活动目的】

促进自我认识，展望自己的人生。

【活动准备】

设计好的"墓碑纸"，每人一份。

【活动流程】

1.教师引言："古今中外，墓志铭都是对逝者的人生写照和评价，留下了无数的故事。比如，武则天的无字碑——功过任人评说。斯蒂芬·金（Stephen King）所写小说《黑暗的另一半》中的乔治·斯塔克的墓碑上写的'不是一个很好的人'——这是对其人生的总结。不同墓志铭的主人有不同的性格。比如，'这里躺着一个曾经给人们带来快乐的人'——从中你就可以看出他很开朗。比如，'我告诉过你我生病了'——从中你就可以体会到这个人的幽默感。所以，墓志铭给予每个人一个机会，一个审视自己、认识自己、审视别人、了解别人的机会。每个人都有梦想，希望自己在有生之年能够做成什么事情，在自己的墓碑上写上一笔，让后人记住。今天这个游戏就给你一个设计和预见自己人生的机会。"

2. 发给每个人一张设计好的"墓碑纸"，让学生将姓名写在墓碑纸的上半部分，最好是绰号或昵称（尽量不用真名）。

3. 让学生在墓碑纸的下半部分写上墓志铭，形式、内容不限，但应该是对他们一生的描述。

4. 阅读墓志铭，评出一个写得最好的，奖励获胜者。

5. 相关讨论：

（1）你在撰写自己的墓志铭时，是否也在设计自己的梦想？

（2）阅读墓志铭，是否也加强了你和同学之间的沟通？

（3）什么样的墓志铭最吸引你，它想告诉你什么？

6. 教师总结："看见一个人的墓志铭，也就在一定程度上认识了这个人。阅读墓志铭，有助于同学之间的沟通和交流。"

【注意事项】

教师的引言很重要，它可以消除学生的误解或顾虑，也可以为活动带来更为凝重、严肃的色彩。

活动 135 我说你画

【活动目的】

让学生感受到口语表达在人际互动中的重要性，并了解口语信息在输出与接收间可能发生的误差。

【活动准备】

每人一张 16 开白纸，若干张印有简单图案的纸。

【活动流程】

1. 教师让学生两人一组，一人担任说者，另一人为画者。

2. 教师发给说者一张印有图案的纸，给画者一张白纸，不能让画者看到说者纸上的图案。

3. 五分钟，说者仅以口语表达的方式，将手中的图案尽可能详细、清楚地描述出来，画者根据说者的语言信息在白纸上画图案。

4. 时间到，说者将图案呈现给画者，比较所画的和真实图案的差异。

5. 小组分享各自的体会。

【注意事项】

教师要强调，在两人一组活动时，说者要控制好音量。

活动 136 优点轰炸

【活动目的】

帮助学生学会面对面地给予他人具体的正面回馈，增进相互了解。

【活动准备】

强调团体规范，并由教师和几名学生共同示范。

【活动流程】

1. 将全班学生分为 6 人小组，各组围坐一圈，中央各放置一张椅子。

2. 教师说明此活动的目的是了解别人眼中的自己，同时增进每个人对自我的了解。

3. 每次一名学生坐在圆圈中央的椅子上，接受回馈。每人"轰炸"时间至少一分钟。

4. 在每位组员都轰炸过该组员后，换一位组员，直到所有组员都受到轰炸为止。

5. 轰炸的内容必须具体，以事例说明。例如，"每次在小组里讨论问题时，你总会问别人的看法，我觉得你很能考虑别人，不主观"。

6. 受轰炸的人只能听，不能说话或有任何动作。

7. 轰炸时，"轰炸者"与"被轰炸者"都必须注视对方。

8. 每位组员都轰炸过别人，也被别人轰炸过后，全组分享活动体会。

【注意事项】

要有良好的团体氛围。

活动 137 优点大轰炸[1]

【活动目的】

帮助自信心不足的学生了解自己的长处，增强自信心。

【活动准备】

每组一个气球，彩纸若干，削好的铅笔一支。

【活动流程】

1. 教师引言："好像有的同学觉得自己的优点还不是很多嘛！那么，让我们帮帮他们吧。大家一起来做个游戏——'优点大轰炸'！优点怎么能'轰炸'呢？'优点大轰炸'其实就是大家一起给不太能欣赏自己的同学找优点，找出很多优点来赞美他。"

2. 实施游戏：

（1）第一步——制成"炸药"。每个人在彩纸上给组内这位自信心不足的同学写上优点，然后折叠起来，当作炸药。

---

[1] 钟志农. 心理健康教育课教师指导手册：小学分册 [M]. 杭州：浙江科学技术出版社，2002: 406.

（2）第二步——制作"炸弹"。请各组学生将"炸药"塞进一个气球里，然后把气球吹大并绑紧。

（3）第三步——"轰炸"开始！全组围着被"轰炸"的同学，把气球举起在他的头顶上，然后用铅笔尖戳破气球。教室里会响起"噼噼啪啪"的"爆炸"声。

（4）请各组学生捡起散落在地上的"弹片"，读给这位同学听。每读完一条，大家要竖起大拇指，手指头要伸到这位同学面前，齐声说："你真棒！"

（5）接受了那么多同学的"轰炸"，"挨炸"的同学能选几个最喜欢、最能给自己力量的优点，分享一下吗？

3. 教师小结："看来，这位同学的优点不像他自己想得那么少，而是他自己缺少发现。经过同学们的帮助，你才感到自己原来是那么优秀，是吧？"

【注意事项】

气球被扎破时，全组学生必须闭上眼睛，保证安全。

活动 138　假日的生活馅饼

【活动目的】

帮助学生对自己的假日生活安排进行具体、客观和系统的分析与检查。

【活动准备】

每个学生发一张上面有一个大圆圈的 16 开白纸。

【活动流程】

1. 教师发给每个学生一张上面有一个大圆圈的白纸，并说明这个圆圈代表一个假日中的 24 小时，我们将它叫作"假日的生活馅饼"。

2. 请学生估算自己在下列各项活动中所用的时间，然后把自己假日的生活馅饼按比例加以分割，画在纸上：（1）睡眠；（2）家庭作业；（3）课外补习；（4）复习；（5）预习；（6）休闲；（7）上网；（8）运动；（9）学艺；（10）独处；（11）做家务；（12）与家人共处；（13）其他。

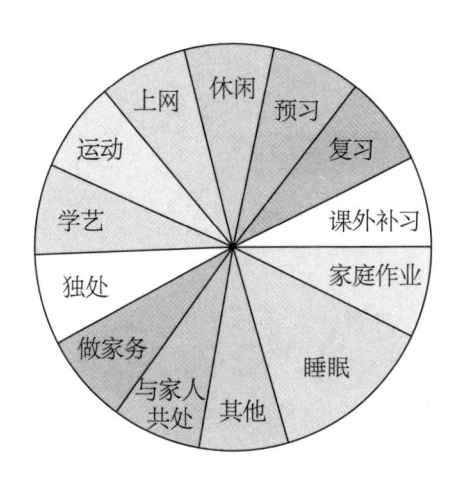

3.画好假日的生活馅饼后，教师提出问题并进行分组讨论：

（1）你对自己目前利用假日时间的总体状况满意吗？

（2）你认为怎样利用假日时间才是比较理想的？请再画一个假日的生活馅饼。

（3）你能否采取行动，改变自己目前的假日的生活馅饼，使它更接近自己理想中的假日的生活馅饼？

4.教师小结并说明："这种方法不但可以用在时间管理上，还可以用在金钱、精力的分配上。"

【注意事项】

可将比较优秀的假日的生活馅饼图与全班同学分享。

活动 139　画图接力赛

【活动目的】

培养学生的合作精神，增强团体凝聚力。

【活动准备】

1. 将学生分成若干个 8 人小组。
2. 每个小组一张全开白纸，一盒彩笔。

【活动流程】

1. 规定一个主题（例如，大年三十的家宴、未来的一次旅行），让各组在限定时间内，运用想象力（愈新奇愈好），轮流接力将图画完成。每名学生限时一分钟，时间一到则换人上场，直至轮流接力完毕为止。

2. "各圆其说"：各组成员对完成的图画做出解说。

3. 评分：以各组表现的合作态度、图画的新颖程度及成员自圆其说的表现等作为评分依据，拟定评分标准，各组推选一人作为评委（不评本组），以得票多者为胜。

【注意事项】

1. 教师事先应先说明游戏规则。
2. 同组成员可以相互提示或共同构思，但不可代笔。
3. 成员轮流作画时只能增添新内容，不得修改前面同学所画的内容。
4. 画画工具、材料应统一。

活动 140　拥有与丧失

【活动目的】

澄清个人的价值观。

【活动准备】

事先印制练习用纸（见下表）。

拥有与丧失表

拥有练习（写出你生活中最重要的 5 件事情以及选择理由）：
（1）
（2）
（3）
（4）
（5）

丧失练习（请认真体验删除过程及内心体验）：
（1）
（2）
（3）
（4）
（5）

从练习中得到的启发：

（资料来源：吴武典，钟志农. 团体辅导[M]. 天津：新蕾出版社，2008: 370.）

【活动流程】

1. 将全班学生分成若干个 4 人小组，每人发一张练习用纸。

2. 拥有练习：教师引导学生想一想个人生活中最重要的事情，依次写下 5 件，并思考为什么这样写，然后在组内进行交流分享。

3. 丧失练习：请学生对生活中最重要的 5 件事情逐一进行删除。每删除一项，就在组内交流一次，以帮助学生澄清自己的价值观。

【注意事项】

讲清团体规范，活动要遵守团体规则，防止出现调侃现象。

活动 141　自我称赞

【活动目的】

培养自信心，增进人际沟通。

【活动准备】

将全班学生分成 4 人小组。

【活动流程】

1. 教师引言："谦虚是中国人的传统美德，中国人一般不会在别人面前夸奖自己。但过于谦虚，到最后也许你就不知道自己到底能干什么了。今天这个活动将给你一个机会——一个展示自己优点的机会。"

2. 小组内每个人必须分别回答下面三个问题：

（1）在外貌方面，你最喜欢自己的哪个部分？

（2）在个人品质方面，你认为自己什么地方最好？

（3）在个人才能方面，你最喜欢自己的哪个方面？

3. 全组最后讨论：

（1）当你向别人介绍你的优点的时候，你是否会觉得不好意思？

（2）这样一个活动对你认清自己的优点与长项是否有帮助？

【注意事项】

1. 教师要特别强调，每个人只需给自己积极、正面的评价，不要谦虚。

2. 讲解团体规范，防止出现调侃现象。

活动 142　我是谁

【活动目的】

1. 协助学生认识自己眼中的自己及他人眼中的自己。

2. 增进学生彼此熟悉的程度，提升班级凝聚力。

【活动准备】

每人一张 A4 白纸。

【活动流程】

1. 教师发给每名学生一张 A4 纸，并说明活动规则。

2. 学生两两分组，一人为甲，一人为乙（最好是找不熟悉的同学为伴）。

3. 甲先向乙介绍自己是一个什么样的人，乙则在 A4 纸上记下甲说的特质。甲在说了自己的一个缺点后，就必须说一个优点。5 分钟后，甲乙角色互换，由乙向甲自我介绍 5 分钟，甲做记录。

4. 上述活动结束后，教师请甲乙两人取回对方记录的纸，在背面的右上角签上自己的名字。然后彼此分享参加此次活动的心得或感受——介绍自己的优点与缺点，何者较为困难，为何会如此？

5. 学生三个小组或者四个小组并为一大组，每大组有 6—8 人，围成一圈就座。教师请每名学生将其签名纸（空白面朝上）传给右手边的同学。而拿到签名纸的同学则根据其对左手边的这位同学的观察与了解，在纸上写下"我欣赏你……，因为……"。写完后依序向右传，直到签名纸传回为止。

6. 每个人在组内分享他看到别人回馈后的感想与收获，最后在全班做分享。

7. 教师小结：说明了解真实的我与接纳真实的我的重要性。

【注意事项】

实施此活动必须有团体暖身阶段与催化阶段创设的良好氛围作为铺垫。

活动 143　我是一个怎样的人

【活动目的】

通过纸笔练习，促进对自我的认识。

【活动准备】

将全班学生分为若干个4人小组，每人发一张A4纸问题单，事先印好下列填空题：

（1）我是一个＿＿＿＿＿＿的人（视学生年龄大小写3—5句或者10—20句均可）。

（2）我需要＿＿＿＿＿＿，我想要＿＿＿＿＿＿，我很需要知道＿＿＿＿＿＿。

（3）父母眼中的我是＿＿＿＿＿＿，老师眼中的我是＿＿＿＿＿＿，朋友眼中的我是＿＿＿＿＿＿，自己眼中的我是＿＿＿＿＿＿，等等。

【活动流程】

1. 教师讲清活动要求后，每个人完成这三道填空题。

2. 在4人小组里，每个人轮流向其他三名同学介绍自己是怎样一个人。

3. 在一个人介绍完自己后，其他三位同学要各自选择问题单上的一个问题，并将填空题中的"我"改为"你"，向介绍者反馈自己的看法。

【注意事项】

要营造一种真诚、专注的团体氛围，防止出现调侃现象。

活动 144 大拍卖

【活动目的】

引导学生进行价值观的自我澄清。

【活动准备】

1. 拍卖项目表，可以投影出示，内容可根据不同年龄学生的价值追求的实际情况灵活设定（如下页表）。

拍卖项目	最高价	得主
许多朋友		
更爱我的父母		
本校最好的运动员		
本班最聪明的人		
歌手		
很富有		
穿名牌服饰		
好容貌		
……	……	……

2. 拍卖人使用的木槌每组一把，大小适中。

3. 教师使用的拍卖木槌一把，可扎上红绸带以示郑重。

【活动流程】

1. 每组选出一个拍卖人。

2. 每人只有 5000 元，对上述几个被拍项目的出价要有通盘考虑，并有几种备选方案（最低出价、最高出价分别是多少，按重要程度列出预案）。

3. 每个人可以对任何被拍项目（一个或多个）出价。

4. 竞价三次后一锤定音，不能反悔，出价最高的人为该项目的得主。

5. 出价底线必须相互保密。

6. 最后一轮为全班大拍卖，由教师主持，竞价者必须陈述理由。

【注意事项】

1. 必须有良好的团体氛围。

2. 教师应注意掌控现场秩序，把握好时间分配。

活动 145 我画、我写我的梦

【活动目的】

引导学生从实际出发规划自己的人生。

【活动准备】

每人一份"我画、我写我的梦"活动单，样式如下：

姓名：_____ 班级：_____

现在的我：
（1）健康状况：_____
（2）个性特质：_____
（3）学习情况：_____
（4）家庭情况：_____
（5）优点与兴趣：_____

5 年后我要做什么？ 写写看： 画画看：	10 年后我要做什么？ 写写看： 画画看：
20 年后我要做什么？ 写写看： 画画看：	30 年后我要做什么？ 写写看： 画画看：

【活动流程】

1. 教师发给每个学生一份"我画、我写我的梦"活动单。
2. 个人填完后,在4—6人小组内交流、分享,听听他人的回馈意见。
3. 全班分享,教师总结、勉励。

【注意事项】

此活动适合在高中阶段实施。

活动 146 这就是我

【活动目的】

增进学生对自己的深层了解,促进人际沟通。

【活动准备】

制作"这就是我"纸牌。可用扑克牌贴上文字卡片改制,数量必须保证每人10张,每张牌上均列上以下10个问题:

(1)对你的成长影响最大的人是谁?他使你受到了怎样的影响?

(2)对你的成长影响最大的事情(正面的或是负面的)是什么?它使你受到了怎样的影响?

(3)请说出三年前你许过的三个愿望。它们的共同特点是什么?你现在的愿望又是什么?

(4)考虑到自己的性格和能力,你认为将来你能做出较大成就的工作是什么?

(5)在你做过的事情中,你最满意的是哪件事情?

(6)与去年相比,你最大的进步是什么?

(7)你最景仰的历史人物或当代人物是谁?

(8)你认为现在你要战胜的最大困难是什么?

(9)在现实生活中,你的目标是什么?

(10)你最喜欢的座右铭是什么?

【活动流程】

1. 将全班分成 4 人小组，每人手中有 10 张相同的牌。

2. 教师说明游戏规则：4 个人按顺时针方向轮流，分别抽取下一位同学手中的纸牌，回答纸牌上写的问题。这样依次轮流，已抽取并回答过的纸牌另行放置。

3. 游戏结束后，每名学生综合以上深层信息，谈谈对自己、对别人的总体看法。

【注意事项】

1. 教师可根据具体情况，在制作纸牌时加入新的问题或删减这些问题。只要写在纸牌上的问题能够反映学生自己的深层信息，而且适合口头回答即可。

2. 此活动适合在高中阶段实施。

活动 147 追求理想自我

【活动目的】

帮助学生进一步了解并调整理想自我。

【活动准备】

1. 教师事先制作"理想自我建构"内容的投影。

理想自我建构（示例）

勇敢	有礼貌	乐于助人	活泼	文雅
幽默	有耐心	聪明	刻苦	忠诚
快乐	可靠	身体好	漂亮	有文采
自信	守信	脾气好	冒险	谨慎
诚实	有风度	关心他人	成绩好	理智
时髦	乐于合作	善于倾听	有恒心	细心

2.将全班分成 4 人小组，为每个学生准备空白小卡片 10 张。

【活动流程】

1.发给每位学生 10 张空白小卡片。

2.学生根据投影内容选择自己认为重要的 10 项内容填写在 10 张卡片上。

3.三分钟后，进行第二次选择，学生只能留下 5 张自认为重要的卡片。

4.两分钟后，教师要求学生只能留下一张卡片，让学生尽快确定最后的答案。

5.四人小组交流自己三次选择的内容，并解释自己这样选的理由。

6.全班交流，教师根据学生的回答归纳说明。

（1）每个学生选的 10 张卡片就是他的理想自我的组成内容，而最后一张卡片则是他目前追求的目标，或者是他认为的人生最重要的品质。

（2）在人生的道路上，随着阅历、知识的不断丰富，个人对理想自我会做出阶段性改变。正确的态度应该是随着自身情况的变化而适时调整自己的目标，并坚定不移地努力去追求。

【注意事项】

如果有时间，还可以在交流的基础上让学生重新建构理想自我。

活动 148 换个想法试试

【活动目的】

引导学生懂得：改变想法，才能改变心情。

【活动准备】

相关问题的卡片或图片。

【活动流程】

1. 教师出示一组图片，让学生快速回答，看到同一件事物，可能会出现哪些想法？例如，出示半杯水：（1）只剩半杯了；（2）还有半杯水。

2. 抢答赛：

出示蜘蛛网的图片——参考答案：（1）讨厌的蜘蛛网；（2）美丽的纺织物！

出示挂在山腰的半个太阳的图片——参考答案：（1）一天即将过去；（2）新的一天又来了！

出示星期一的日历——参考答案：（1）假日过去了；（2）假日会来临的！

出示上学时在教室门口碰到同学，遭到对方白眼的图片——参考答案：（1）真倒霉；（2）他今天心情不好。

出示一辆老式旧汽车的图片——参考答案：（1）未来的古董；（2）过时了！

…………

3. 讨论分享：

（1）通过这个活动，你受到什么启发？

（2）在你的生活中，有哪一件事情破坏了你的情绪？可不可以换一个想法，来改善你的情绪？

【注意事项】

此活动适合高中生，教师还可以结合学生中常出现的不合理认知设置更多问题。

活动 149 品质排序

【活动目的】

引导学生思考并进一步认识自己的内在品质，并对各种被人们认同的优秀品质做出自己的价值判断。

【活动准备】

1. 根据学生实际情况设计人的优秀品质一览表（如下表）。

人的优秀品质	个人排序	小组排序
勇气（勇敢、胆子大、敢冒险）		
善良（有同情心、体贴人、照顾人）		
坚毅（目标坚定、百折不挠）		
大度（宽容、不嫉妒、不计较小事）		
乐观（开朗、自信、永不绝望）		
合作（虚心、能让步、好共事）		
负责（认真、守信、有责任心）		
真诚（心地坦荡、待人诚恳、表里如一）		
……		

2. 将表发至每个学生手中，人手一份。

【活动流程】

1. 按4—6人分组，选出组长一人主持活动。

2. 每个学生先自行排序，以自己欣赏和认可的程度高低为每一种优秀品质排出序号。

3. 小组内分享，每个学生只需说出自己排在前三位的优秀品质，并说明自己的理由。

4. 组长主持讨论，在组内排出大家基本认同的前三位优秀品质的顺序。

5. 全班分享，各组组长发言，说明本组排在前三位的优秀品质及其理由。

6. 各组意见若有分歧，可展开争论，最后通过协商取得共识。

【注意事项】

1. 须有较好的团体氛围做铺垫。

2. 组长要有较强的协调能力。

3. 此活动适合在初中阶段实施。

活动 150 心理快餐[①]

【活动目的】

帮助小学生在同学交流中学会一些心理自助的方法。

【活动准备】

1. 每人一只装蛋糕用的小纸盘，一张彩色的三角形纸片。

2. 两张写有"心理自助餐桌"的纸牌。

3. 座位呈梅花形，中间放一排心理自助餐桌。

【活动流程】

1. 教师引言："我们知道，快乐和烦恼是一对孪生姐妹。那么，请你回忆一下，你曾遇到过的不快乐的一件事，说说你当时的感受。后来你又是怎样调整你的心态的呢？"

2. 小组交流后全班交流。

3. 教师引导："刚才听了大家的交流，我觉得你们真了不起！你们的一些方法很管用。在你不快乐的时候用了这些方法，就会使你的感觉好一点儿，就像我们肚子饿了吃快餐可以饱一样。现在请同学们拿起笔，让我

[①] 钟志农. 心理健康教育课教师指导手册：小学分册[M]. 杭州：浙江科学技术出版社，2002: 445.

们也来准备一份心理快餐,把你寻找快乐的方法写(画)在卡片上,放在快餐盘里。准备好心理快餐的同学,请将你制作的心理食品放在自助餐桌上。"(学生制作心理快餐)

4.全班享受心理快餐:

(1)请学生自由选择喜爱的心理快餐。

(2)小组交流:你为什么要选这份心理快餐?每个小组推荐一份最佳心理快餐。

(3)全班交流最佳心理快餐,说说你为什么喜欢它。交流后评价。

【注意事项】

此活动适合在小学高年级实施,活动前应有良好的团体氛围。

活动 151 顶纸棒

【活动目的】

让学生在活动中感受自信。

【活动准备】

旧报纸若干,胶水。

【活动流程】

1.让学生用旧报纸卷成一根细长的纸棒后,指导学生学习用手心、手背、肘关节、额头等部位顶纸棒。顶纸棒的要领是:一直,二稳,三平衡。即让纸棒尽量保持与地面垂直,顶着纸棒移动时要平稳,移动方向与纸棒倾斜方向一致,随时调整平衡。

2.采用两人一组的形式进行,一人练习,一人看时间,时间到后互换(教师协调点拨,尽量让每个学生都能成功)。

3.分组讨论:大家谈谈顶纸棒成功的原因。

4.教师归纳学生意见:"顶纸棒是一种游戏活动,但它同样可以给我们带来启发:同是一个天,同是一个地,别人能做到的,只要有信心,不怕失败，我们同样也能做到，甚至做得更好。同样，学习上如果能认真、努力、勤奋，不怕困难，同样能获得成功。"

【注意事项】

总时间控制在 10 分钟左右。

活动 152 对掌推

【活动目的】

体验压力与反压力，感悟在人际对抗中应如何调控自己的冲突反应。

【活动准备】

节奏强烈的背景音乐。活动场地要尽可能大一些。

【活动流程】

1. 将学生分成两人一组，让他们面对面站着。一人面向黑板，一人背朝黑板。然后请他们举起双手，将自己的手掌与搭档的手掌贴在一起。
2. 教师喊"开始"，每一组的两人必须用力推搭档的双手。教师要不断地为他们加油。例如，"使劲儿"等。
3. 教师暗示面向黑板的学生突然把力收回。
4. 学生互换位置，再重复上述步骤。
5. 分组讨论：

（1）当你用力推你搭档的手的时候，为了保持平衡，你的搭档需要做什么？

（2）如果你用更大的力气，你的搭档会有什么反应？

（3）当其中一个人突然撤回自己手掌的时候，另一个人的反应是怎样的？

（4）你觉得在人与人发生冲突时，这个游戏可以给你怎样的启示？

【注意事项】

游戏开始前应提醒学生互相保护，不要让搭档摔倒。教师做撤回手掌的暗示时，动作不能过大，防止学生因撤回动作过猛而使其搭档摔倒。

活动 153　信件大会串[①]

【活动目的】

使学生通过信件大会串的形式，了解到父母一代对自己这一代人的真实看法，从而有助于他们建立起比较客观的自我认知。

【活动准备】

1. 在活动前一天以班主任的名义给每个学生家长带去一封信，信中有两个问题：

（1）您发现您的孩子进入初二后，在哪些方面长大了？请举出一两个典型事例来说明。

（2）您觉得您的孩子在哪些方面还没有长大？也请举一两个典型事例来说明。

2. 请家长就上述问题给班主任写一封回信，并表明是否同意这封信的内容可以在班级活动中公开。如果不同意，请在信封上标明记号。回信密封后，在活动的当天由学生带回学校，交给班主任或辅导教师。

【活动流程】

1. 教师引言："今天我们讨论的话题是'我长大了'。我想，除了刚才谈的那些对自己是否长大的看法之外，我们还非常想知道家长对我们成长的一些看法，看看在他们的眼里，我们有没有真正长大。下面让我们一起交流家长的来信，每个小组推荐一封信。"

2. 将家长的回信随机发到每个学生手中，每个学生只能拿其他同学家

[①] 本活动素材由浙江省杭州市保俶塔实验学校张英飞老师设计。参见钟志农. 心理辅导活动课操作实务 [M]. 宁波：宁波出版社，2007: 187.

长写的信件，不能拿自己家长写的信件。

3. 小组内交流来信，推荐一封向全班同学交流的信，要求：

（1）信的内容要尽可能典型，对大家的成长有帮助。

（2）暂不透露学生的姓名。读完后，由教师根据来信内容，确定是否应该让学生在全班亮相。

4. 小组代表宣读组内推荐的家长来信并谈感受。教师可提问——

（1）向读信的小组代表提问：你们为什么推荐这封信？

（2）向信中提到的学生提问：你当时为什么那样想，那样说或那样做？

（3）向全班同学提问：我们中间有哪些同学在家里也是那样做的？当时心里有怎样的感受？

5. 教师小结："读了家长的信，我们才知道'长大'的答案是如此丰富多彩，从中我们可以更深入地理解长大的含义。"

【注意事项】

1. 教师事先不要拆阅家长来信。

2. 在各小组分享家长来信的时候，教师要深入各组了解典型信件，做到心中有数。

3. 除了反映学生长大的内容外，也可以适当选择一些反映学生还没有长大的事例做分享，以呈现青春期初中生"半成熟，半幼稚"的特点，但应以不涉及隐私、不伤害学生为原则。

活动 154 友谊常青藤跳棋[①]

【活动目的】

通过游戏使学生认识到维护真情、友谊应注意的基本准则。

[①] 吴武典，钟志农. 团体辅导 [M]. 天津：新蕾出版社，2008: 384.

【活动准备】

1. 按下图印制友谊常青藤跳棋棋盘，期盼的样式可画成枝叶繁茂而曲折的常青藤，而叶片就是跳棋格子，文字说明可写在叶片上。

2. 骰子每组一个，棋子每人一枚，棋子表面分别标以不同颜色。

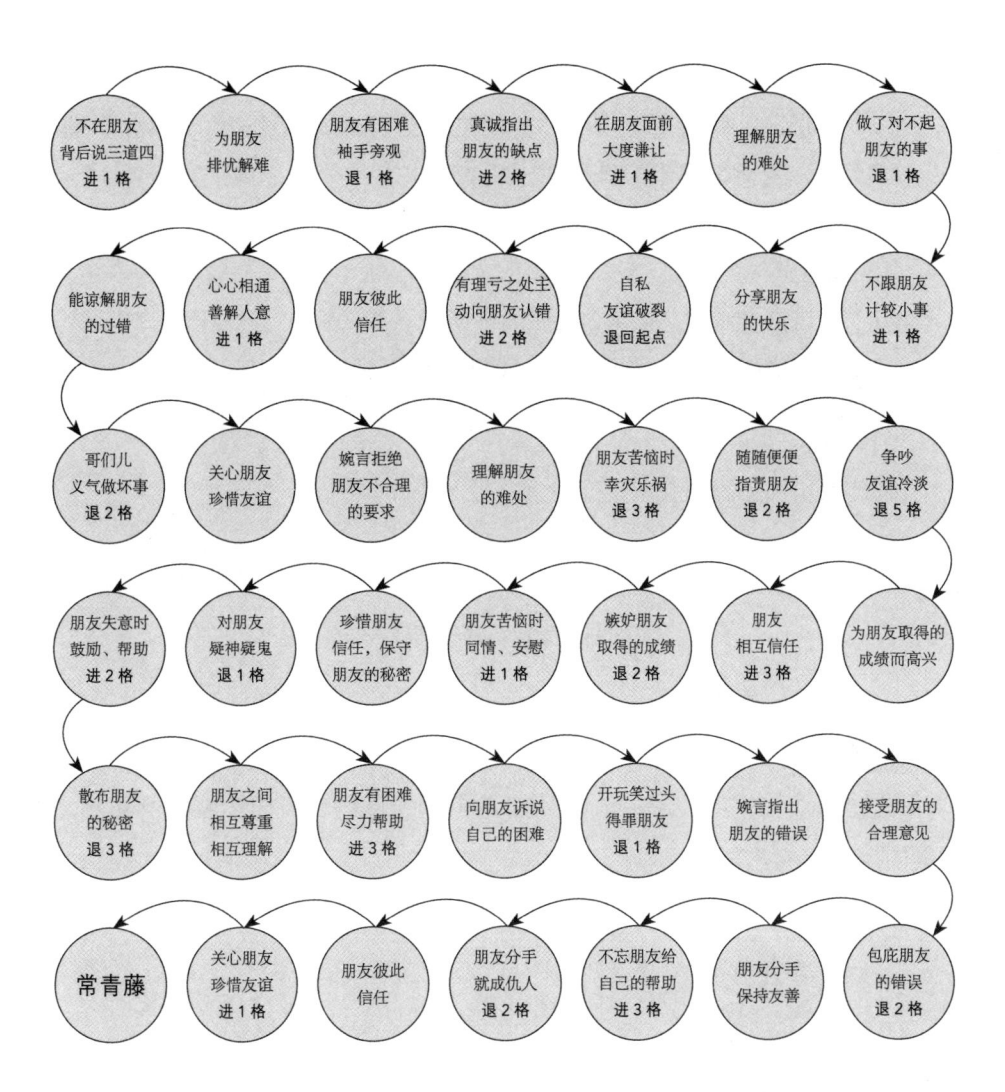

不在朋友背后说三道四 进1格	为朋友排忧解难	朋友有困难袖手旁观 退1格	真诚指出朋友的缺点 进2格	在朋友面前大度谦让 进1格	理解朋友的难处	做了对不起朋友的事 退1格	
能谅解朋友的过错	心心相通善解人意 进1格	朋友彼此信任	有理亏之处主动向朋友认错 进2格	自私友谊破裂退回起点	分享朋友的快乐	不跟朋友计较小事 进1格	
哥们儿义气做坏事 退2格	关心朋友珍惜友谊	婉言拒绝朋友不合理的要求	理解朋友的难处	朋友苦恼时幸灾乐祸 退3格	随随便便指责朋友 退2格	争吵友谊冷淡 退5格	
朋友失意时鼓励、帮助 进2格	对朋友疑神疑鬼 退1格	珍惜朋友信任，保守朋友的秘密	朋友苦恼时同情、安慰 进1格	嫉妒朋友取得的成绩 退2格	朋友相互信任 进3格	为朋友取得的成绩而高兴	
散布朋友的秘密 退3格	朋友之间相互尊重相互理解	朋友有困难尽力帮助 进3格	向朋友诉说自己的困难	开玩笑过头得罪朋友 退1格	婉言指出朋友的错误	接受朋友的合理意见	
常青藤	关心朋友珍惜友谊 进1格	朋友彼此信任	朋友分手就成仇人 退2格	不忘朋友给自己的帮助 进3格	朋友分手保持友善	包庇朋友的错误 退2格	

友谊常青藤跳棋棋盘示意图（钟志农，2001）

【活动流程】

1. 四人一组，每组一个骰子，一张棋盘。每人一枚棋子。

163

2.开始游戏：

（1）组内用掷骰子的方式，以点数的多少决定下棋的先后顺序。

（2）用掷骰子的方式决定每人每次可跳几个格子（即棋盘图中的叶子）。

（3）棋子走满格数后，根据最后一格中的文字说明，决定是再前进几格或者是后退几格。

（4）前进时，如果遇上占位的其他棋子，则向前越位一格，以此类推。

（5）后退时，如果遇上占位的其他棋子，则再向后退一格，以此类推。

（6）其余正常情况下的进格或退格都只实行一次，不应连续进退。

（7）以最先到达终点的人为胜利者。

3.小组分享：

（1）通过这个游戏，你认为要使同学友谊能够长久，应该注意哪些问题？

（2）哪些做法是最容易伤害自己朋友的？

【注意事项】

教师要讲清游戏规则，控制活动与分享的时间。

活动 155 双关图 [①]

【活动目的】

通过活动使学生理解：人的认知是有选择性的，不同的看法会得出不同的结论。

【活动准备】

制作双关图PPT。

【活动流程】

1.请大家看几幅图（略），你觉得图中是什么呢？心理学上称之为

[①] 本活动素材由江苏省苏州市苏州中学李岚老师提供。

"双关图"。双关图是指根据选择的知觉对象的不同,可以形成不同感官印象的图形。

2. 为什么大家的看法有这么大的分歧?

3. 教师小结:"这几幅图揭示了不同的视角产生不同的视觉结论这个道理。它告诉我们:人的认知(包括知觉和思维)是有选择性的,不同的选择会产生不同的结果。同样一件事情,我们看问题的角度不同,结果也全然不同。"

【注意事项】

教师的归纳要准确,应注意不要将这项活动的结论任意转换到其他方向上去。例如,"不同的态度会产生不同的结果",因为视角、看法与态度是有区别的。

活动 156　该用什么做参照物[①]

【活动目的】

引导学生认识到:改变想法才能改变情绪和行为方式。

【活动准备】

为每个学生印制一份认知练习卡(如下表)。

看　法	情　绪	行　为	结　果

---

① 本活动素材由江苏省苏州市苏州中学李岚老师提供。

【活动流程】

1. 故事呈现。

小 A 以优异的成绩考入某重点中学实验班,他在以前的学校里学习成绩总是数一数二的,在班级就更不用说了,学习对他来说是一件轻松的事。但是现在,他却感到很困惑。他说:"从开学到现在,我一直感觉很疲惫,压力很大,学习像脱了节一样。以前上课总觉得老师讲得太慢了;现在却觉得老师讲得实在太快了,听起来非常吃力。期初考试和期中考试我的成绩都很烂,现在就连我的强项也不能发挥优势了,只有班级中游的水平。我觉得现在的我变得很渺小。哎!我在怀疑,是不是到了高中我的脑子就不灵了?"

2. 心态分析。

(1)请大家来分析一下,小 A 的看法、情绪、行为和结果都出了什么问题?将你们的分析结果填在认知练习卡的第一行。

(2)小 A 最初和同学做比较时,没有认识到发生错觉的可能,所以将错就错,开始了对自己的怀疑。后来,这种自我怀疑在他身上果然发挥了神奇的效果,他的预言实现了,并且预言的实现使他的情绪更加恶化,于是他更加确定预言是真实的。我们可以猜到结果必然将对他又造成一次打击。所以,不是因为有些事情难以做到,我们才对自己失去自信;而是因为我们对自己失去了自信,有些事情才显得难以做到。

3. 改变看法。

下面我们来帮助小 A 改变看法。请同学们四人一组讨论,并在表格的第二、第三两行里写下正确的看法及其引起的情绪、行为和结果。

4. 教师提问:"如果小 A 根据我们的建议改变了看法,会不会仍然觉得成绩没有提高,自己还是很渺小呢?或者与班里名列前茅的同学相比,又觉得很郁闷呢?那该怎么办?"

5. 教师总结:"不要总拿别人作为参照对象,我们更应该把自己作为参照对象。'我努力了,虽然和成绩好的同学相比看不出进步,但是和自己相比,还是可以发现进步的地方。'"

【注意事项】

教师应尽量引导学生得出结论，要防止自己在活动中讲得过多。

活动 157 填报志愿抢答赛

【活动目的】

在高考前对学生进行升学指导，帮助学生找到个人的合理定位。

【活动准备】

根据当地新高考改革的具体规定和本校实际情况做抢答问题清单。

【活动流程】

1. 出示抢答题目：

（1）你知道什么叫作"学生高校双向选择权"吗？

（2）我省有没有根据形势的变化，对今年的高考招生做了一些新的规定？

（3）我省今年共计划录取多少人？

（4）我校在省内处于什么水平？

（5）我校历年升学情况如何？

（6）今年我校教学水平是呈提高趋势还是下降趋势？

（7）你知道什么叫"'学校+专业'平行志愿，按平行志愿依次投档"吗？

（8）什么叫作"选考科目等级赋分"？

……

2. 分组讨论：

（1）你请教过父母长辈、亲朋好友、同窗或学校的老师吗？他们提出了怎样的想法和建议？你认为他们的想法和建议有哪些是合理的呢？

（2）父母想对你填报的志愿来个包办或者施压时，你该怎么办？

（3）你在学校和班级中处于什么位置？你选择什么层次的学校最合适？

（4）你的身体状况适合要报考的志愿吗？

（5）你确定报考志愿时考虑过自己家的经济状况吗？

3.全班分享，教师小结。

【注意事项】

教师可根据具体情况，对这些问题进行合理增删或修改，只要适合抢答或讨论，并且能够体现出填报志愿的一般策略和技巧即可。

活动 158 名片创意秀

【活动目的】

为10年或20年后的自己设计一张名片，以激发对自己生涯的思考。

【活动准备】

1.将卡片的纸料剪成名片大小供学生使用，学生的年龄越小，名片的尺寸应该越大。

2.为学生准备一些真名片供他们参考，也可以上网搜索有特色的名片。有些名片非常有特点、非常有趣。

3.在把空白名片发给学生前，教师要提醒制作自己名片的时限。

【活动流程】

1.让学生用3分钟看一下名片的样品和格式，以及应该在名片上呈现的信息。在看这些名片样式时，要求学生思考一下自己10年或20年后的名片应该是什么样子的，包括社会身份、职务、职称、工作单位、地址等。

2.给学生5分钟设计专属于自己的名片，如何创作是学生自己的选择。确保名片上出现的电话号码、E-mail地址等联系方式是真实的，便于他人与自己取得联系。

3.在小组里交流自己设计的名片，谈谈自己对未来的畅想。

【注意事项】

在学生完成自己的名片设计后,教师除了让他们把自己的作品与其他同学交换分享外,也可以把这些名片贴在班级留言板或是告示板上,给学生们几分钟观摩。

活动 159 E 网情深

【活动目的】

帮助学生辨别过度使用网络的危害,提高自控能力。

【活动准备】

给每个小组准备半开海报纸各一张,记号笔各一支。

【活动流程】

1. 发给每个学生一份问卷,请学生在小组中讨论下列问题,由组长记录。

(1)写出你必须上网的 10 个理由。

(2)如果你的生活中没有网络,将会发生什么事?

(3)家人反对你上网的理由有哪些?

(4)根据你上网的经验,你觉得上网有哪些不利的影响?

(5)两相比较,你认为上网是利大于弊,还是弊大于利?

2. 各组将讨论记录贴上墙,学生自由观看 5 分钟。

3. 根据对利弊看法的不同倾向性,将学生分成两大组,开展即兴辩论。

4. 评出最佳辩手两人,正方、反方各一人。

5. 教师归纳总结。

【注意事项】

教师要充分尊重学生的各种不同观点,切勿将自己的价值观强加给学生。

活动 160　展示我良好的个人气质[①]

【活动目的】

1. 帮助学生理解气质永远是超越美貌的存在。气质是用文化和品位来做底蕴的。

2. 引导学生努力养成良好的个人气质。

【活动准备】

1. 按班级人数，准备若干张"良好的个人气质"卡片，人手一份。

2. 每个小组一副空白对联纸，粗记号笔一支。

3. 南开中学《镜箴》PPT。

【活动流程】

1. 展示自己良好的个人气质。

（1）学生填写卡片。

姓名：_____

做到以下几点，将更能展示我良好的个人气质

① _____

② _____

③ _____

（2）在小组里分享，请组员做出评价或提出建议。

2. 投影出示南开中学《镜箴》。

面必净，发必理，衣必整，钮必结。
头容正，肩容平，胸容宽，背容直。

[①] 本活动素材由浙江省杭州市永兴中学赵红霞等老师提供，有改动。

3.对联大比拼。

（1）完成对联：每个小组现场完成一副对联。

_____展气质，

_____显风度。

（2）各组代表写在纸上，并大声地在全班分享。

（3）教师小结："刚才的展示活动是一次现场演练。我们对各组代表宣读对联时的风度、神态、举止和语言表达等，都有自己的判断。同时，刚才的掌声和对时机的把握，也展示了整个班级成员的内涵和修养。"

（4）教师向全班赠送对联——"和声细语展气质，谦恭礼让显风度。"

【注意事项】

教师要营造和谐、安全的课堂氛围，防止出现调侃现象。

活动 161 马拉松的行动路线

【活动目的】

通过出示山田本一获得马拉松世界冠军的案例，启发学生感悟，分解目标、绘制行动路线图的重要性。

【活动准备】

制作有关山田本一故事的PPT。

【活动流程】

1.出示山田本一的故事。

1984年，在东京国际马拉松邀请赛中，日本选手山田本一出人意料地夺得了世界冠军。多年后，他夺冠的谜底终于被揭开了。他在自传中说，每次比赛前，他都乘车把比赛的路线仔细看一遍，并把沿途醒目的标志画下来。比如，第一个标志是一家银行，第二个标志是一棵大树，第三个标志是一座红房子……这样一直画到赛程的终点。

比赛开始后，他就努力以跑百米的速度奋力地向第一个目标冲去，等到达第一个目标后，他又努力以同样的速度向第二个目标冲去。他把40多公里的赛程分解成几个小目标。起初，他并不懂得这个道理，把目标定在终点线上，结果跑十几公里后就疲惫不堪了，被前面那段遥远的路程吓倒了。

2. 小组讨论：从中你得到了哪些启示？

3. 纸笔活动：绘制一张你自己的高考马拉松路线图，分设几个标志性的站点。

4. 引导学生总结，学会分解目标，绘制行动路线图：先将自己的志向明确为具体的人生终极目标，然后将终极目标分解成几个长期目标，再把每个长期目标分解成中期目标和短期目标，最后分解到现在的目标，明确该做什么。

【注意事项】

此活动适用于初三或高三年级对学生做有关调整学习目标的元认知训练。

活动 162 《网络中的陷阱》[①]

【活动目的】

1. 引导学生了解什么是健康的网络生活，懂得规划自己的网络生活。
2. 通过活动感悟网络自由的限度在于法律、道德、规则和自控。

【活动准备】

《网络中的陷阱》剧情PPT。

---

① 本活动素材由浙江省杭州市惠兴中学徐磊老师提供。

【活动流程】

1. 出示《网络中的陷阱》剧情,请学生根据剧情,一步步思考可能发生的下一幕故事情节是什么。剧情如下:

张平(化名)是一名初二的学生,平时喜欢上网。他和班里的几个好朋友经常上网聊天,玩游戏。一日,好朋友在QQ上留言,说当晚要和隔壁班的同学在某个游戏中比赛,要张平务必在8点准时上线玩游戏。结果张平输了,于是……

2. 小组讨论:
(1)张平输了游戏后,可能会产生怎样的想法?
(2)张平将想法付诸实施后,可能产生哪几种后果?
(3)根据张平可能出现的不同想法和他可能采取的不同行动,又会衍生出怎样的后果?

3. 教师根据学生讨论现场生成的各种可能性,继续追问,在黑板上依据学生的各种想法画出故事情节线索图(如下图)。

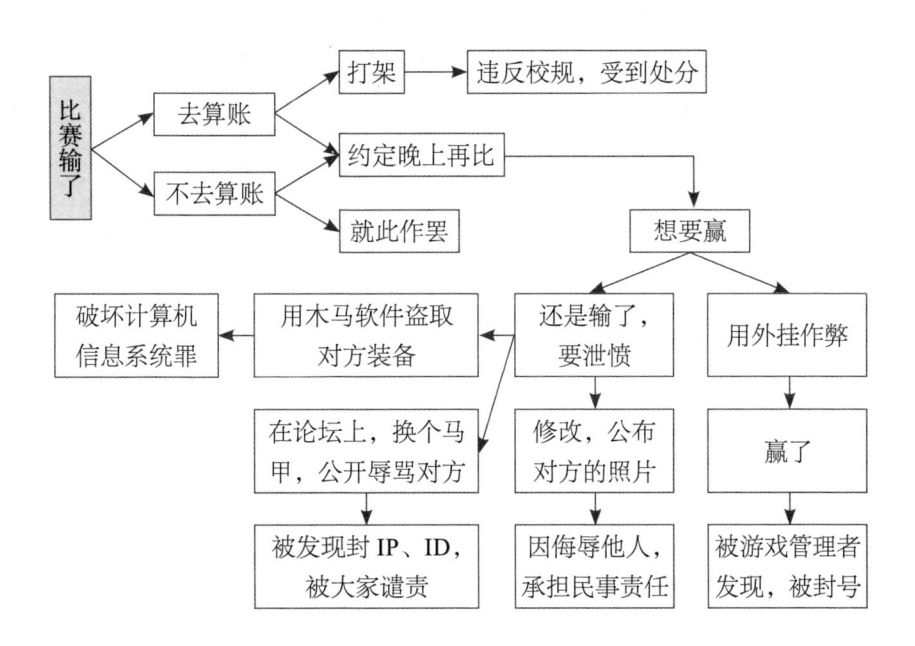

4. 教师小结:"所以说,很多我们认为的小事情,最后却有可能给我们

带来很严重的后果,上网也是一样。"

5.小组讨论:为了避免不健康上网带来的各种问题,我们应该怎么做?

【注意事项】

此活动需要教师把握大量辅导现场生成的资源,并及时加以提炼、概括,切不可以教师的预设替代学生在讨论中形成的各种意见或结论。

行为训练类活动素材
——以练促悟

活动 163 挑战极限[1]

【活动目的】

1. 通过活动，帮助学生体验做任何事情都可能遇到挑战。

2. 通过活动分享，帮助学生感悟在遇到极限挑战时，可以采取的正确应对态度。

【活动准备】

1. 请体育教师帮忙拍摄做示范动作的小视频。

2. 将全班学生分成若干6人小组，以便分享交流。

【活动流程】

1. 全体起立，教师带领学生做几个活动上臂关节的热身动作。

2. 教师引导大家伸出右臂从肩上屈臂向下伸，同时伸出左臂从左侧向右上方伸，两手尽量靠近，最终两手紧紧地、完美地握在一起（这个动作很少人能做到）。

3. 小组分享：当你因为做不到双手反握在一起而放弃的时候，你有什么感受？

4. 全班分享感悟。

5. 教师点评："在这个活动中，有时可能做不到完美，而且再有能力的人也可能会在一些活动中失败。但成败不是最重要的——关键是通过参与活动学到东西。对一些看起来不可能完成的事情，有些的确无法办到，但有些却也未必。总之，重在参与，就可以乐在其中。"

---

[1] 本活动素材由浙江省宁波市第七中学毛珊珊老师提供。

【注意事项】

由于是肢体拉伸活动，所以要注意做好事前的热身动作。

活动 164 地雷阵

【活动目的】

1. 引导学生在活动中建立及加强对伙伴的信任感。
2. 感悟人际沟通中需要换位思考。

【活动准备】

1. 6—8米长的绳子4根，用各种大小玩具，或小皮球、乒乓球等杂物做地雷。

2. 在较大的活动空间内，用绳子围成4个圆圈，圈内随意放置各种玩具或杂物。

【活动流程】

1. 宣布活动规则：

（1）全班分为4个大组，尽可能地让每位学生都参与游戏。每个大组由教师指派一名观察员监督。

（2）每个大组排成两列纵队，并排两人为战友，一人指挥，另一人蒙住眼睛，并听从战友的指挥通过地雷阵。在整个过程中，只要被蒙眼者踩到地雷，两位战友就要互换角色。互换角色后，如果被蒙眼者依然踩到地雷，两人就一起出局。

（3）指挥者只能站在线外，不能进入地雷阵，也不能用手扶战友。

（4）每更换一组游戏参与者，蒙眼后，都要将圈内的地雷挪动位置。

2. 分组同时开展游戏，观察员监督是否有违规者。

3. 活动结束后，每组的战友坐在一起讨论：

（1）你在通过地雷阵的时候有什么感觉？

（2）你在做指挥员发出指令时，对被蒙眼的战友的表现有什么感受？

当你做被蒙眼者时，对战友发出的指令又有什么感受？两者有何不同？

（3）若再有一次机会通过地雷阵，两位还可以做哪些改进？

【注意事项】

1. 不可用尖锐或坚硬物作为障碍物。

2. 不可在湿滑地面上进行活动。

活动 165 突破围城

【活动目的】

1. 通过体验与分享，使学生体会到学习过程并不是一帆风顺的，会遇到困难或者遭遇围城（瓶颈）。

2. 通过活动，使学生体会到自信和信念能在克服学习围城中发挥关键性作用。

【活动准备】

1. 将全班学生按10人一组分为若干小组。

2. 快节奏的背景音乐，以渲染紧张气氛。

【活动流程】

1. 将学生按10人一组分组，其中8人手拉手围成圈，另外2人站在圈内。

2. 圈内的2人要想方设法突围，围成圈的8人要坚守自己的围城，阻止圈内的人突围。若圈内的人突围成功，则换作围城者，而让人突围出去的学生就变成圈内要突围的人。

3. 活动结束后，将10人小组对半分开，变成5人小组，然后在组内讨论：我们在学习活动中，是否也会遇到类似的困境——不管自己怎么努力，都没办法突围呢？

【注意事项】

提醒学生在身体接触过程中必须注意安全。

活动 166 我的叉手方式

【活动目的】

1. 理解人的习惯是长期、自然形成的。

2. 体验通过有意识的训练，习惯是可以改变的。

【活动准备】

1. 将全班学生按 4 人分组。

2. 说明游戏规则的 PPT。

【活动流程】

1. 请学生按照平时的习惯双手交叉握手，然后保持手的姿势不动。

2. 学生在 4 人小组内互相观察叉手姿势，注意看看自己的拇指和各个手指是怎样交叉的（是左手大拇指在上，还是右手大拇指在上），并找到与自己叉手方式一样的伙伴。

3. 请大家松开双手，然后快速重新叉手，但要求与原来的叉手姿势相反（教师可发口令："1—2—3！"），并保持手的姿势不动。

4. 学生在 4 人小组内互相观察，看看是否与原来的手指位置相反。

5. 小组讨论：

（1）当手指采取与平时习惯不同的姿势时，你有没有感觉别扭或不自在？

（2）你是否同意"人都是不喜欢改变习惯的"这种说法？为什么？

（3）虽然说"习惯成自然"，但习惯是否就不能改变？如果可以改变，要如何去改变？

6. 请每个人做自己不习惯的叉手动作，连续做 20 遍。

7. 请学生不假思索地根据教师口令"1—2—3"快速做叉手动作，并保持不动。

8. 学生在小组内互相观察，有几个人改变了原来的叉手习惯，然后分享感受。

9. 教师小结："习惯是可以改变的。改变的方法是：有改变的意识—有改变的行动—付出长期的努力。"

【注意事项】

1. 教师喊口令时要短促、有力。
2. 学生做出叉手动作后不能更改，小组内成员互相监督。

活动 167 做时间的主人

【活动目的】

帮助学生对放学后的时间做出合理的安排。

【活动准备】

每个学生一份活动单。

【活动流程】

1. 教师引言："如果你在某一天晚上 7 点才吃完晚饭，却有 11 项事情要利用这一晚上来做，而你又必须在 10 点半前上床睡觉，请问你将如何做？"

2. 学生根据活动单先做准备，约 5 分钟。然后分组讨论，可以依照自己的经验或意愿自由回答。

3. 训练：在 11 项事情后均有三种时间（10 分钟，40 分钟，60 分钟），请三选一，然后将所有选择的事，依照自己的意愿排列出实施的次序。例如，你认为"写日记"应当最先做就先写（3）。以此类推，一一填好，10 分钟内作答完毕。

请注意：若时间不够分配，在 11 项事情中，最多可以删去 3 项，而所有事情总用时不得超过三个半小时。

（1）准备第二天的小考（10分钟，40分钟，60分钟）。
（2）写第二天要交的作业（10分钟，40分钟，60分钟）。
（3）写日记（10分钟，40分钟，60分钟）。
（4）协助做家务（10分钟，40分钟，60分钟）。
（5）预习第二天上课的教材内容（10分钟，40分钟，60分钟）。
（6）做自己喜欢做的事（10分钟，40分钟，60分钟）。
（7）和父母谈话（10分钟，40分钟，60分钟）。
（8）看电视（10分钟，40分钟，60分钟）。
（9）阅读课外书，包括报纸、杂志（10分钟，40分钟，60分钟）。
（10）逛街（10分钟，40分钟，60分钟）。
（11）玩游戏（10分钟，40分钟，60分钟）。
请列出你实施项目的顺序：_____

4. 小组讨论。

【注意事项】

列出的事项与时间可依各学校情况，加以增删、修改。

活动 168 六人拔河

【活动目的】

1. 引导学生感悟在一个群体中，各方用力的情况很复杂，并非有力气的人一定获胜。
2. 引导学生根据各方用力的特点，调整自己的用力方式，感悟只有灵活应变方能取胜。

【活动准备】

1. 按班级人数一半左右的数量准备坐垫。
2. 2米长的绳子若干，每3根打成一套结绳，如下页图所示。

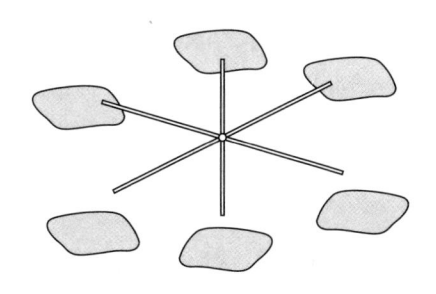

3. 比较空旷的场地，在活动时可将全班学生带到教室外面的走廊或门厅里。

【活动流程】

1. 将全班学生分成若干6人小组，其中一半小组作为游戏组，另一半小组围成圈作为观察组。再发给游戏组每组一套结绳。

2. 游戏组的6个人围成圆圈，跪坐在坐垫上。

（1）6人各自抓住结绳靠近自己的一端，听教师发信号后开始拔河。

（2）在拔河过程中，被拖离坐垫或松开了绳子的人被淘汰。

（3）参与者的身体方向可以倾斜，但是跪坐姿势不可以变动。

（4）最后一位留下来的参与者获胜。

3. 请观察组与游戏组角色互换，再做一次游戏。

4. 游戏结束后，6人小组讨论：通过这个游戏，你感悟到了什么道理？

【注意事项】

观察组要注意监督游戏组成员是否遵守游戏规则，随时阻止游戏组成员改变坐姿或用脚尖发力。

活动 169 快乐大转盘

【活动目的】

训练人际沟通技巧，体会表情、动作和语言在人际交流中的重要性。

【活动准备】

撤去教室里的课桌，按4—6人小组将椅子靠墙摆放，教室中间腾出较大空间。

【活动流程】

1.全班学生在教室里保持安静，准备按教师的口令行动。口令如下：

（1）每人脸朝天花板，面无表情地随意走动，遇人转开。

（2）每人脸朝自己脚尖，面无表情地随意走动，遇人转开。

（3）每人脸看他人脸，面无表情地随意走动，遇人转开。

（4）每人脸看他人脸，面带微笑，随意走动，遇人点头。

（5）每人脸看他人脸，面带微笑，随意走动，遇人握手。

（6）每人脸看他人脸，面带微笑，随意走动，遇人握手，心说："我欣赏你。"

（7）每人脸看他人脸，面带微笑，随意走动，遇人握手，说："你很棒！"

2.分组讨论。

（1）当大家都面无表情地随意走动时，你是否感觉不自在，希望别人能冲你笑一笑呢？

（2）当别人主动向你打招呼或握手时，你是否很感动？

（3）你感悟到什么道理？对你在班级里的人际交往有帮助吗？

【注意事项】

强调打招呼的内容不得是调侃性质的。

活动 170 巧用委婉语

【活动目的】

初步懂得用词的重要性，学习委婉地表达自己的意见，提高沟通技巧。

【活动准备】

两人为一个组合，在活动中可以将两个组合的成员打乱后进行再组合，以改变训练的对象。

【活动流程】

1. 每两人分成一组。

2. 第一轮练习：

（1）甲提出一个建议。例如："咱们周六去打游戏吧。"

（2）乙采用"好吧，但是——"的句式回答。例如："好吧，但是我还是想去打球。"

（3）甲也继续用"好吧，但是——"的句式回答。例如："好吧，但是咱们还是先把作业写完吧！"

（4）一直照这样的谈话方式进行下去，直到规定时间结束为止。

3. 第二轮练习：

（1）甲用同样的建议开始这段谈话。例如："咱们去吃饭吧。"

（2）这一次双方回答时都要使用"好吧，而且——"的句式。例如：乙的回答可以是："好吧，而且我们还可以去操场散散步。"

（3）2分钟后游戏结束。

4. 讨论：

（1）使用"好吧，但是——"的句式时，你的感受是怎样的？对方是否能考虑你的不同意见？

（2）即使你不同意某个人的观点，用"好吧，而且——"是否会让大家的心情好一些，更容易达成共识？

（3）在你的生活中是否会遇到一些难以拒绝的事情，你能否使用上述句式来尝试表达自己不同的意见？

【注意事项】

教师还可以设计一些学生经常遇到的难题，作为典型情境在全班征集最佳拒绝方式。

活动 171 心理小品《小将相和》

【活动目的】

1. 通过对历史故事的讨论、分享，引导学生了解蔺相如的人际交往技巧（冷静—克制—退让—和解），感悟廉颇知错就改的胸襟（反思—勇气—回应）。

2. 通过新编、新演历史故事，帮助学生掌握化解人际矛盾的社会化技巧。

【活动准备】

1. 节选故事连环画《将相和》，并制作 PPT。

2. 事先录制心理小品《小将相和》。

3. 写有"老将""老相""小将""小相"的名卡 8 套，供小组演练时使用。

【活动流程】

1. 新评《将相和》。

（1）投影连环画《将相和》片段。

（2）小组讨论：你最欣赏蔺相如和廉颇两人处理矛盾的哪些方法或艺术？

教师在学生分析的基础上，总结归纳：

廉颇的交际艺术——

反思——能醒悟。

勇气——知错就改。

回应——采取对等的高姿态。

蔺相如的交际艺术——

冷静——有理也要有礼！得理也要饶人！

克制——一个巴掌拍不响。

退让——忍一时风平浪静，退一步海阔天空。

和解——以大局为重，不计个人荣辱！

2. 新编《将相和》。

（1）引导语："如果廉颇、蔺相如生活在现代社会，他们也有电话、汽车、网络，那么可能就不会再用负荆请罪的方式来化解矛盾了。请大家想象一下，他们会采取什么态度和技巧来化解矛盾？他们会怎么做？怎么说？怎么回应对方？"

（2）在小组里讨论后，每个小组派4个人表演新编《将相和》（角色：廉颇及随从，蔺相如及随从。）

（3）小组讨论：评价新编《将相和》里的廉颇和蔺相如，他们哪些事做得好？哪些话说得好？

3. 播放心理小品《小将相和》的前半部分情节。

（1）教师出示《小将相和》剧本的前半部分。

（教室里，学生"小将"买了一杯可乐，放在课桌上。学生"小相"从室外进来，一不小心把桌上的可乐打翻在地。）

小将：（怒目）你有毛病啊！干吗把杯子打翻？

小相：我又不是故意的。谁叫你把这个杯子放在这个位置的！

小将：这是我的桌子，我想放就放。你打碎了杯子，难道还有理了？你必须道歉，赔我东西。

小相：道歉，没门儿。你自己没放好，责任在你，还要我赔，美得你，神经病！

小将：（举拳）你竟然骂人！

小相：（昂头）就骂了，怎么样？神经病！

小将：（晃拳）你再骂，别怪我不客气！

小相：（正面对立）就骂你脑子有毛病了，怎么样？想打架呀？来呀！

（两个人扭打在一起。）

旁白：小将在打架中吃了亏，越想越恨，第二天就叫同学去打小相。小相吃了亏，又叫同学去打小将……小小的一杯可乐，竟然引发了一场校园冲突，这是谁也没有想到的。

（2）小组讨论：小小的一杯可乐，为什么引发了一场校园冲突，你们认为哪个环节出了差错？（学生分享看法）

（3）教师引导："如果廉颇、蔺相如在世，会如何劝导小将与小相化解矛盾冲突？请在4人小组内演一演，练一练，两位同学扮演老将、老相，两位同学扮演小将、小相，共同把这部剧的后半部分演练成大团圆的结局。演练时，请大家佩戴与角色相符的名卡。"

（4）教师现场观察，选出精彩剧本在全班分享。

【注意事项】

1. 此活动内容较多，为节省时间，剧本的前半部分最好事先录制成视频。

2. 小组在演练的过程中，教师要巡视、观察，及时纠正可能出现的调侃现象。

活动 172 坚守界限

【活动目的】

通过行为训练，使学生初步学会一种四级界限的设置模式，能自信地向他人表明自己的原则立场，同时也能在沟通中维护他人的原则。

【活动准备】

制作投影片：四级界限模式。

第一级：通过礼貌地提出请求，设定你个人的界限。

注意：这不是宣称你道德高尚，只是对你的需要做简单、诚实的表达。为了使请求受到尊重，可使用下面的表述："你介意吗（顿一下）？我觉得……"

第二级：礼貌地再次重申你的界限或边界。

注意：你可以不得罪任何人而坚持你的需要。事实上，你不必出言不逊就可以做到。你可以考虑这么说："很抱歉，我真的需要……"

第三级：描述不尊重你的界限的后果。

"这是一件很重要的事。如果你不能……我就不得不……"

注意：你的后果也许只是简单地走开，否则将会更难堪。但要留意：大多数人在这个时候通常会放弃，即使这个需要对他们的健康和心态很重要。大多数人害怕采取坚持的态度。然而，有时我们必须保护我们的界限，这是事实。

第四级：坚持并实施自己的容忍底线。

"我明白，你选择不接受我的建议。正如我刚刚所说的，这意味着我将采取行动……"

【活动流程】

1. 第一轮训练：

（1）把全班学生分成两人一组，一人为A，另一人为B。请他们面对面站着，间隔1.5米左右。

（2）请每个小组的A主动向B靠拢，一次一小步，直到A觉得他们够近了，A说"我只想靠这么近"，并停下来不动。

（3）此时，请B继续向前走，一次一小步，直到达到B自己认为的舒适限度。（注意：这会引起不舒适的笑声，那没什么。教师可以告诉学生，有时探索本身就是不舒适的，并请他们相信你，再忍受一小会儿。）

（4）当每个小组的B都不再向前走了的时候，教师说："我们现在有一屋子的组合，每组的两个人中至少有一个觉得不舒服。对不对？"（这会带来笑声）"事实上，现在，每组的两个人可能都有点儿不舒服，因为B确切地知道，他已经擅自闯入A的舒适区了。没有人愿意这样。我马上就要解除你们所有的痛苦……你们还会恢复原样的。（通常，这又会带来笑声）请B向你的搭档A友好地道歉：'对不起！'现在请大家都回到原来的位置上去。"

2. 第二轮训练：

（1）教师出示投影，讲解四级界限模式。

（2）请A先向B走近，直到B感到不太自在时为止。

（3）告诉B进入界限模式的第一级。他可以礼貌地要求他的搭档A退后一点儿，无论怎么说都可以。例如："对不起，如果我们站的距离再远一些，你不会介意吧？我不习惯和人靠得很近，这使我不自在。"

（4）请A对自己的搭档B笑笑，但要站在原地不动。（这会带来笑声，当A这么做时，B一般都会有不同程度的不舒适感。）

（5）教师询问："请问每一位B，现在，你们有多少人对你们的搭档A有点儿恼火？"请他们举起手示意，随意地笑笑，然后继续告诉他们："如果你们确实恼火，那你们需要进入第二级训练——坚持你们的界限，礼貌地重复你们刚刚的请求，请你们的搭档A退后一点儿，并保持尊敬和坚定的态度。比如说'很抱歉，我真的需要远一点儿的距离'。"

（6）让B这么做，然后让A礼貌地回答或微笑，但仍待在原处。

（7）告诉每个小组："现在你们可以根据自己的情绪及控制能力，自由选择四级界限模式的步骤继续这个过程。但我要提醒你们的是，请一定要尽量控制自己的不快甚至不满情绪，尽量做到互相谅解。如果你们已经完成整个过程，请握握手，请求互相谅解并坐下。"

3. 分享：

（1）对B来说，设定自己最后的底线是困难还是容易？

（2）A不答应B的请求，B有什么感受？

（3）当他人不接受我们的请求时，我们会有什么想法和感受？这些想法和感受对我们寻求一种必胜的解决办法有什么影响？

（4）当你们设定界限时，有多少人使用了界限模式的全部等级？有人只采用了第一级，然后就让步了吗？有人甚至忽视了第一级到第三级，直接跳到了第四级，那样做合适吗？

【注意事项】

1. 这个游戏中有的学生会感觉不舒适，这并不是坏事，因为有一点儿消极情绪事实上能提高训练效果。

2. 男生女生搭配，可能效果会更好一些。此时，应由女生扮演B。

活动 173 倾听解密

【活动目的】

1. 帮助学生领悟不良的倾听习惯会直接影响自己与他人的亲密关系。
2. 通过角色扮演,改变自己不良的倾听习惯。

【活动准备】

事先拍摄人际交往过程中不良倾听行为的视频。

【活动流程】

1. 用视频展示倾听时存在的种种不良行为。

（1）双手交叉抱在胸前,脚无节奏地敲着地面。（传递信息：我不想听你再说下去了。）

（2）整个人都坐在椅子里,身体后仰,头靠在椅背上。（传递信息：听你说话好累哦!）

（3）两腿交叉或腿跷起来,并不时地来回抖动。（传递信息：抖动的腿会分散说话者的注意力,让他觉得你没有专心听他讲话。）

（4）不停地看表或开始收拾桌子上的东西。（传递信息：明显的逐客令——你是不是该走了?）

（5）手里一直在转笔。（传递信息：你说的内容真无聊!）

（6）打哈欠,皱眉,叹气,伸懒腰。（传递信息：我对你说的没什么兴趣。怪不得有人说:"杀死相声家不需刀刃,只需打三个哈欠即可。"）

2. 分组讨论：面对这样的倾听行为你有什么感受？这样的倾听行为在向说话者传递什么样的信息？

3. 两人一组进行角色扮演：一人扮演说话者,一人扮演倾听者。两分钟后互换角色。说话内容：最近的一件开心事或烦恼事。

4. 分组讨论倾听训练后的感受。

【注意事项】

角色扮演前要注意营造良好的团体氛围,防止出现调侃现象。

活动 174 体验放松

【活动目的】

让学生集体体验放松的感觉,掌握自我放松的要领和技巧。

【活动准备】

放松心情的音乐。

【活动流程】

1. 热身:"抓手指"游戏。

全体学生以圆形站立,伸出左手,手心向下;伸出右手,食指向上,与相邻同学的左手手心接触。教师随机喊一些数字,当喊到尾数是 7 的数字(如 27、37、47……107……)时,每个学生要设法用左手抓住别人的手指,而右手则要逃脱别人的掌心。这一游戏可以让学生体验心理紧张的感觉,可反复做几次。

2. 让学生先体验肢体紧张的感觉。体验的顺序依次为手臂、头部、躯干、腿部。

(1)手臂的紧张:伸出右手,握紧拳,紧张右前臂;伸出左手,握紧拳,紧张左前臂;双臂伸直,两手同时握紧拳,紧张手部和臂部。

(2)头部的紧张:皱起前额部肌肉,皱起眉头;皱起鼻子和脸颊(可咬紧牙关,使嘴角尽量向两边咧,鼓起两腮,仿佛在极痛苦状态下使劲儿一样)。保持 5 秒,然后慢慢放松面部肌肉。

(3)躯干的紧张:耸起双肩,紧张肩部肌肉;挺起胸部,紧张胸部肌肉;拱起背部,紧张背部肌肉;屏住呼吸,紧张腹部肌肉。每个部位肌肉绷紧并保持 5 秒后,慢慢放松。

(4)腿部的紧张:伸出右腿,右腿向前用力,像在蹬一堵墙,紧张右腿;伸出左腿,左腿向前用力,像在蹬一堵墙,紧张左腿。双腿依次绷紧 5 秒后慢慢放松。

3. 让学生体验想象放松。

教师播放音乐,说出以下指导语让学生进行想象放松。

现在，我仰卧在水清沙白的海滩上，沙子细而柔。我躺在温暖的沙滩上，感到舒服，能感受阳光的温暖；耳边听到海浪的声音，感到温暖而舒适。微风吹来，使我有种说不出的舒畅感觉。微风带走我的思想，只剩下一片金黄阳光。海浪不停地拍打海岸，思维随着节奏飘荡，涌上来又退下去。温暖的海风吹来，又离去，带走了心中的思绪。我感到细沙柔软、阳光温暖、海风轻缓，只有蓝色的天空和大海笼罩我的心。阳光照着我全身，身体感到暖洋洋的；阳光照着我的头，我感到温暖与舒适。

轻松暖流，流进我右肩，感到温暖与松弛，呼吸变慢，变深。轻松暖流，流进我右手，感到温暖与松弛，呼吸变慢，变深。轻松暖流，又流回我右臂，感到温暖与松弛；流进我后背，感到温暖与松弛；从后背转到脖子，感到温暖与松弛。

我的呼吸变慢，变深。轻松暖流，流进左肩，感到温暖与松弛，呼吸变慢，变深。轻松暖流，流进左手，感到温暖与松弛，呼吸变慢，变深。轻松暖流，又流回左臂，感到温暖与松弛，呼吸变慢，变得轻松，心跳也变得慢而有力。轻松暖流，流进右腿，感到温暖与松弛，呼吸变慢，变深。轻松暖流，流进左腿，感到温暖与松弛，呼吸变慢，变深。轻松暖流，又流回右腿，感到温暖与松弛。

呼吸变慢，越来越深，越来越轻松。轻松暖流，流进腹部，感到温暖与轻松；流到胃部，感到温暖与轻松；最后流到心脏，感到温暖与轻松。整个身体变得平静，心里宁静极了，已经感觉不到周围的一切，四周好像没有任何东西。我安然躺在大自然中，十分自在。（静默几分钟后结束，音乐停止。）

4. 学生分享感受。

【注意事项】

1. 教师的语速要缓慢，声音要轻柔，尽量口语化。
2. 时间控制在 15 分钟左右。

活动 175 天籁之音

【活动目的】

1. 让学生体验心静的感觉，学会集中注意力，懂得聆听。
2. 感受通过眼神和身体接触（如手、背），传递及交流信息。

【活动准备】

《天籁之音》等班得瑞系列音乐，或其他放松音乐。

【活动流程】

1. 将全班学生分成两组，围成两个同心圆，里圈和外圈的人面对面坐好。轻轻地闭上眼睛，做五个深呼吸，慢慢地放松，静静地感受来自周围的声音……两分钟后睁开眼睛，交流听到的声音。

2. 让所有学生面对面坐好，轻轻地闭上眼睛，做三个深呼吸，聆听《天籁之音》，慢慢地睁开眼睛注视对方，默默地去体会对方此时此刻的心情和想要表达的心境……

3. 让里圈和外圈的所有学生面对面坐好，轻轻地闭上眼睛，做三个深呼吸，聆听《天籁之音》，慢慢地伸出双手与对方的手轻轻地贴在一起，去感受对方要传达的信息……

4. 让里圈和外圈的所有人背对背坐好，轻轻地闭上眼睛，做三个深呼吸，聆听《天籁之音》，慢慢地背靠背，去体会对方通过背脊要传达的信息……

5. 全班交流，分享感受。

【注意事项】

1. 此活动需要安静的环境，只有在温度、湿度十分舒适的情况下，才能让人进入用心聆听、用心说话、用心体验的境界。

2. 此活动的感觉是细微和敏感的，所以对中学生来说，以同性学生一组为宜。

3. 音乐的选择非常关键，以聆听大自然的声音为宜，如流水声、雨声、涛声、虫叫声、鸟鸣声等。

第四章

团体结束阶段活动素材

心理辅导课的团体结束阶段与小组团体辅导的团体结束期有很大的不同。

一般说来，小组团体辅导在整个过程中会经历一个较长的时期，成员往往由陌生到相识，由相识到相知，由相知到依恋。因此，当团体进入尾声阶段时，成员之间难免会有依依不舍或者如释重负的感觉。此时，辅导教师在设计活动时可能重在帮助团体成员自我评估成长幅度与团体的运作情况，并处理好离开团体时的惆怅情绪以及其他未完成事件，让成员之间有一定的情感交流机会。例如，可以设计读书会、谈心会、联欢会，甚至是野外郊游等活动。

而学校里的心理辅导课因为受到课时的严格限制，不可能有很多时间来比较细致地处理上述问题，所以，在最后短短的5分钟左右的时间里，主要任务还是概括总结、澄清意义、升华主题，并布置一些课外延伸的辅导练习，以促使学生将讨论的结果、认知的提升加以生活化和行动化。当然，在时间允许的情况下，也可以组织一些时间较短的能够营造热烈气氛、增强团体凝聚力、激发学生正向情绪的小型活动。例如，团康类活动或音乐类活动等。

团康类活动素材
——以乐促合

活动 176 大团圆

【活动目的】

通过身体接触带来温暖和力量,使学生在心理辅导课结束前更实在地感受团体的团结,获得支持与信心。

【活动准备】

音乐。

【活动流程】

1. 请全班学生站立,面对面围成内外两圈,将两手搭在两侧成员的肩上,聚拢,静默30秒。

2. 伴着音乐轻轻地哼唱大家熟悉的歌,并随着旋律自由摇摆。使全体成员在一个充满温馨、甜蜜而有内聚力的情境中结束本节课的活动,留下一个美好的、难忘的回忆。

【注意事项】

此活动也应有前几个阶段良好的团体氛围做铺垫,方可水到渠成。

活动 177 请在我背上留言

【活动目的】

总结收获,互道祝福。

【活动准备】

每人一张 A4 白纸。准备音乐以烘托气氛。

【活动流程】

1. 每人在背上别上一张白纸，请小组内其他成员每人为自己写一句祝福语或者建议，不必留名。

2. 如果时间允许，也可以请自己认为重要的组外团体成员为自己写一句祝福语或者建议。

3. 写完后，在小组里坐下来，想一想这次活动中的收获，猜猜别人会给自己留一些怎样的建议和祝福语，自己又期待他们写些什么，再相互帮助取下背后的纸，认真阅读。

4. 分享读后的感想，感谢组内其他成员的真诚相待。

【注意事项】

实施此活动要求整节课有良好的团体氛围。

活动 178 喊出自信来

【活动目的】

自我激励，增强自信。

【活动准备】

每人一张 A4 白纸。活动场地空间要大。

【活动流程】

1. 每人写出两句自己最满意的自我激励的口号，然后熟读，默默背诵。

2. 教师带领全班学生在教室里（或室外）列队，队形为 U 形。举起右手，用尽全力把自己的口号喊出来。要大声、坚定、自信地喊，重复三遍，然后全班学生热烈鼓掌。

3. 教师现场小结赠言（根据具体情况拟定）。

【注意事项】

整个活动要有良好的团体氛围作为保证。

活动 179 传递祝福

【活动目的】

增进团体成员的感情，相互勉励。

【活动准备】

音乐。发给每个学生一张"祝福卡"，样式如下：

姓名：_____ **班级：**_____

请各位同学写出对我（　　　　　）的祝福，谢谢！

1.
2.
3.
4.
5.
6.
7.
8.
9.
10.

我对祝福卡内容的感想：

我参加这次心理辅导课的收获：

【活动流程】

1. 在音乐声中，各小组学生围坐在一起，写下对他人的祝福语，并将祝福卡传递给自己右边的同学，依次一一增添对每位同学的祝福语，直至同学写给自己的祝福卡传回到自己手里为止。

2. 学生在小组内收到他人给自己的祝福卡后，写下自己的感想，并在小组内做简短发言。

【注意事项】

1. 只有在团体氛围非常好的前提下才可使用祝福卡，绝不可勉强。

2. 祝福卡的设计应该尽可能新颖、活泼。例如，可使用学生喜闻乐见的卡通形式。

活动 180 送七彩苹果

【活动目的】

营造热烈气氛，表达自己对他人的良好祝愿。

【活动准备】

背景音乐《七色花》。给每个学生发七张七种颜色的苹果形卡片，大小适中。

【活动流程】

1. 在心理辅导课结束前，让每个学生想一想：这些七彩苹果准备送给谁，然后在每张卡片上写下一句祝福语，祝福语应该有针对性。

2. 在背景音乐《七色花》的乐曲声中，学生在教室里随意走动，把代表不同祝福的色彩鲜艳的苹果形卡片送给自己想送的同学，并说一句祝福的话。

3. 全班分享：你得到了几个七彩苹果？别人对你有什么样的良好祝愿？

【注意事项】

1.教师事先应准备若干个七彩苹果,写上对班里几位后进学生或者有特殊心理需要的学生的祝福语,在赠送七彩苹果时参与到学生的活动中去,将自己的祝福送给这些特殊的学生,以防止某些学生因人际关系疏远或其他原因而收不到别人的祝福。

2.教师也可事先叮嘱班里的一些学生,注意在活动结束时若看到可能显得比较孤独的一些同学,给他们也送上祝福。

音乐类活动素材
——以曲促合

以曲促合的结束阶段活动的素材几乎是取之不尽的，所以教师要随时积累适合心理辅导课使用的音乐资料，并且努力做到与时俱进。下面是一些辅导素材曲目。

《明天会更好》	《朋友，出去走走》
《真心英雄》	《小小少年》
《爱的奉献》	《年轻的梦永远打不碎》
《同一首歌》	《朋友》
《让世界充满爱》	《七色花》
《难忘今宵》	《童年》
《永远是朋友》	《同桌的你》
《我的未来不是梦》	《外婆的澎湖湾》
《干杯，朋友》	《彩虹的约定》
《祝福》	《好爸爸坏爸爸》
《友谊地久天长》	《小苹果》
《感恩的心》	《吉祥三宝》
《爸妈谢谢你》	《男儿当自强》
《懂你》	《壮志在我胸》
《栀子花开》	《天亮了》
《健康歌》	《相逢是首歌》
《幸福拍手歌》	《妈妈》
《再回首》	《青花瓷》
《快乐老家》	《掌声响起来》
《我是一只小小鸟》	《最初的梦想》
《祝你平安》	《水手》

《隐形的翅膀》　　　　　　《我心似海洋》
《黑猫警长》(动画片主题曲)　《仰望星空》
《海阔天空》　　　　　　　《黑暗之光》
《阳光总在风雨后》　　　　《永不退缩》
《从头再来》　　　　　　　《壮志雄心》
《怒放的生命》　　　　　　《在路上》
《飞得更高》　　　　　　　《我真的很不错》
《相信自己》　　　　　　　《永远不回头》
《奔跑》　　　　　　　　　《蜗牛》

参考文献

爱泼斯坦.创造力拓展训练：团体培训手册[M].周丽清，许晶晶，王立娜，等译.北京：中国轻工业出版社，2005.

肯尼，科米齐奥.给儿童的70个游戏活动：促进思维和执行功能发展[M].冀巧玲，译.北京：中国轻工业出版社，2020.

田国秀.团体心理游戏实用解析[M].北京：学苑出版社，2010.

刘伟.集中·封闭·大型团体咨询[M].北京：中国轻工业出版社，2010.

陈龙海，韩庭卫.企业管理培训游戏全书[M].深圳：海天出版社，2004.

赵芳.团体社会工作：理论·实务[M].北京：知识产权出版社，中国水利水电出版社，2005.

骆宏.小组辅导操作实务[M].宁波：宁波出版社，2011.

后　记

此次重修从 2016 年开始，直至 2021 年杀青，耗时费力长达五年之久，各种艰辛自不待言。在这里，我要向陈静女士致以衷心的感谢，是她的聪慧、创意和督促，促成了我修订的决心和行动。我还要向吴法源先生和编辑李玲女士致以衷心的感谢，是他们在书稿出版事宜面临周折时，以他们的远见、魄力和效率推动了本书的最终面世。我更要向为本书提供了精品课课例的各位中青年心理教师致以衷心的感谢，是他们以自己的智慧、创新和努力，精益求精地展示了堪称高水平的教案设计和实操经验。

我自知学养肤浅，研究乏力，虽勉为"驽马十驾"之劳，略有进步，然本书比起国内外团体辅导之经典佳作，相去不能以道里计，而书中谬误之处，更是在所难免，故此战战兢兢，静候学界大方指正！

钟志农

2019 年 2 月 24 日于博鳌一稿

2020 年 2 月 28 日于杭州二稿

2021 年 8 月 4 日于博鳌定稿